保育現場の「深刻事故」対応ハンドブック

山中龍宏
寺町東子
栗並えみ
掛札逸美 共著

ぎょうせい

はじめに

●深刻事故時にすべきこと、しなければいけないこと

　本書では、保育園や幼稚園、こども園（以下、「保育施設」と総称）など、未就学児を預かる施設で深刻な事故（死亡や重傷、重症）が起きたとき、そして起きた後、どのように対応すべきか、しなければいけないかを記しています。

　いつなんどき起こるかわからない災害に備えて、皆さんは避難訓練や防災訓練をくりかえしているはずです。子どもの命にかかわる事故についても、まったく同じです。「私の園では、そんなことが起こるはずはない」と、何の備えもせずにいたのでは、万が一のときにあわててしまい、救えるはずの命を救えないこともあるでしょう。保護者や職員の心に、癒えることのない傷を残してしまうこともあるかもしれません。

　本書では同時に、なぜこうした対応が必要なのかを、「子どもの命を守り、保護者の安心を育て、施設で働く職員の心と仕事を守る」という視点から解説しています。子育て支援の制度が変わり、保育の安全に対する社会の意識が高まっていく中で、国も深刻事故の未然防止、発生時の対応の取り組みを明確にしようと動き始めています。

　さらに、子どもの深刻事故を予防し、万が一の深刻事故時に「すべきこと、しなければいけないこと」をできるようにするための日常の取り組みもお示ししました。深刻事故に備えるということは、日常の保育・教育をより安全に、そして、より豊かにすることにもつながるという点をご理解いただけると思います。

●具体的な取り組みと議論を始めていきましょう

　読んでいただければおわかりのとおり、医療や法律の視点から必要不可欠な対応以外の部分に関しては、本書の内容は4人の著者のコンセンサスではありません。そうではなく、著者とコラム執筆者がそれぞれの立場から、今の段階で示すことのできる「たたき台」を提示しています。

　子育て支援の制度が大きく変わろうとしている今、子どもの命を確実に守り、同じような深刻事故を二度とくりかえさないための、具体的で、効果的で、一人ひとりの職員が実際に取り組むことのできる対策づくりが不可欠です。皆さんの知恵を集め、そうした対策づくりを現場からつくっていくうえで、本書が少しでも役に立てるよう、私たちは願っています。

＊　＊　＊　＊　＊　＊

　「え、心肺蘇生、誰がちゃんとできるの？」「こんな対応ができる人、今、いないよね」「どうしよう」……。本書の前半をお読みになってそう思ったなら、それは取り組みの第一歩です。「できるかな……」、子どもたちは毎日毎日、不安を感じながら新しい一歩を踏み出し、いろいろなことを身につけていきます。私たちおとなも同じではないでしょうか。「万が一のこと、やっぱり考えなきゃね」「ここから始めよう！」、子どもの命を確実に守るため、取り組んでいきましょう。

本書のポイントと参照ページ

●日常の取り組み

- 心肺蘇生、誤嚥対応などの救急トレーニング
  ➡ iv、6、13、109 ページ

- 「役割分担表」の作成と対応訓練
  ➡ v、14 ページ

- ヒヤリハットや傷害／発症事例の記録
  ➡ 110 ページ

- 事故事例から学ぶ
  ➡ 78、87、96 ページ

- 職員間のコミュニケーション
  ➡ 112 ページ

- 保護者とのコミュニケーション
  ➡ 34 ページ

など

●深刻事故が起きたとき

〈救急対応〉
119番通報 ➡ 4、5 ページ
心肺蘇生 ➡ iv、2、6 ページ

「役割分担表」を活用して迅速に対応
（職員の動向把握、保育の監督、保護者や外部との連絡、事実の記録・送信 など） ➡ v、14 ページ

- 保護者の思いに応える
  ➡ 31、65 ページ
- クライシス・コミュニケーション
  ➡ 37 ページ

- 「記憶の記録用紙」記入と送信の方法
  ➡ x、18、27 ページ

など

●再発防止のための取り組み

記録と検証（検証制度の必要性） ➡ 46、58、65 ページ

など

（この図は、本書の主な内容と、特に関係の深い項目の冒頭ページを示しています。）

心肺蘇生の流れ

足の裏や肩を叩きながら大声で呼びかける（反応の確認）

〈反応がない〉

「救急車を呼んで！」「AEDを持ってきて！」と大声で叫ぶ。
119番通報は、その声を最初に聞いた人がすぐに（上司の許可は不要）。

胸やおなかの動きを見る（呼吸の確認）

〈呼吸がない／ふだんどおりの呼吸がない〉

ただちに心臓マッサージ（胸骨圧迫）を開始！
両手を重ねて、胸の真ん中を強く
（胸の約1/3の深さまで押し込む）、
速く（1分間に100回以上のペース）、
絶え間なく（中断は最小に）。

必ず

救急隊と交代するまで続ける

人工呼吸ができる場合は、気道確保後に人工呼吸。

心臓マッサージ（胸骨圧迫）30回 ⇔ 人工呼吸2回 交互に

AED（体外式自動除細動器）が到着したら、電気ショックを与える。

電気ショック後、ただちに心臓マッサージ（胸骨圧迫）を再開。

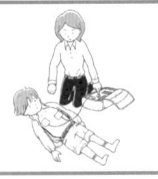

■ 溺水の場合（おぼれたとき）
○浮いていた時間の長い短いにかかわらず、すぐに119番通報をすること！　溺水では、チアノーゼが起きて、見た目からも切迫していたり吐いたりと、周囲があわてやすい様相になっている場合が少なくありません。通報時点で頭が真っ白になって、住所も答えられない可能性が高いと思われます。平常時から万が一に備え、「**119番通報のポイントと、伝えるべきこと**」（5ページ参照）を必ずプール横に掲示するか、職員が携帯しておくようにしましょう。
○蘇生法の詳細はトレーニングによって学ぶべきことですが（6～13ページ参照）、溺水に関してよく言われている蘇生法の中で、ひとつだけ大きな誤りがあります。**おぼれたとき、むやみに水を吐かせようとするのは間違いです。**溺水の場合、喉頭のけいれんによって気道や肺にはほとんど水が入っていないことも多いのですが、水を吐かせようと腹部を圧迫することで、胃の中のものが口の中に戻り、それによって気道が閉塞（窒息）することもあるからです。溺水の場合も、上図のように「**119番通報→呼吸の確認→心肺蘇生**」が基本です。

［JRC（日本版）ガイドライン2010、「日本医師会救急蘇生法サイト」http://www.med.or.jp/99/　等参照］

「緊急時の役割分担表（順序）」の書式例
拡大コピーをしてお使いください。

緊急時の役割分担表（順序）

心肺蘇生	園内外にいる全職員、管理者の動向把握と連絡（＝事故後の現場責任者）	直後の外部連絡（当該児の保護者、自治体の担当者など）	保護者や近隣への説明（求められたとき）	残った職員による継続保育を監督	事実の記録と送信を促す

★119番するのは、最初に、「救急車！」という声を聞いた人。
★事故の現場にいた職員が、救急車に同乗してください。
★その場になって「できません」は、絶対に許されません。

準備段階における「緊急時の役割分担表（順序）」の記入例

緊急時の役割分担表（順序）

心肺蘇生	園内外にいる全職員、管理者の動向把握と連絡（＝事故後の現場責任者）	直後の外部連絡（当該児の保護者、自治体の担当者など）	保護者や近隣への説明（求められたとき）※	残った職員による継続保育を監督※※	事実の記録と送信を促す
看護師	理事長	園長	園長	リーダー保育士△△	リーダー保育士△△
主任	園長	主任	主任	リーダー保育士○○	リーダー保育士○○
リーダー保育士△△	主任	看護師	看護師	××組の担任○○	××組の担任○○
リーダー保育士○○	看護師	リーダー保育士△△	リーダー保育士△△	□□組の担任△△	□□組の担任△△
××組の担任○○	リーダー保育士△△	リーダー保育士○○	リーダー保育士○○	△△組の担任○○	△△組の担任○○
□□組の担任△△	リーダー保育士○○	××組の担任○○	××組の担任○○	○○組の担任△△	○○組の担任△△
△△組の担任○○	××組の担任○○	□□組の担任△△	□□組の担任△△		

【役割分担表の記入・活用のポイント】

〈準備段階〉
※の役割は、本書に書かれているような内容を冷静に伝えることができる人。憶測や思い込みを口にする傾向のある人、感情的になりやすい人は避けましょう。この記入例で理事長が書かれていないのは、記入例の園の場合、理事長はこの役割に適さないと考えられたため。

※※の役割は、子どもが不安にならないよう、職員を落ち着かせることができる人。かつ、保育上の安全について特に配慮できる人。園長や主任がこの役割を担ってもよいのですが、現実的には事故時、園長や主任は左側の役割をすでに担っていると予測し、記入例の園では保育士のみを記入しています。

- 理事長がいない組織、副園長がいる組織など、園の組織はさまざまなので、自園の組織に合わせて記入してください。
- 「心肺蘇生」は、できる人から順番に名前を入れていってください。
- 「心肺蘇生」以外は、すべて同じ順番でかまいません。ただ、「この人は、この役割には絶対に適さない」という場合だけは、その人を抜かしてください。その判断は、好き嫌いや遠慮などを抜きにしてすること。
- 施設のリーダー層（理事長～主任、クラス・リーダー）が「私はやりたくない」と言うことは許されません。危機に際して率先して動くのがリーダー層の役割です。
- この分担表を用いた「深刻事故対応訓練」も定期的に実施してください。訓練が始まったら、左側の列（心肺蘇生）から順番に、そして上から順番に「今、園にいない人」を×で消していき、残った（＝今、園にいる）職員のうち一番上に書かれている職員がその役割を担当します。不在の職員の動向については、下の余白に書き入れます。

〈土曜保育、休日保育、遅番早番時の役割分担〉
- 分担表を特別に作る必要はありません。
- 深刻事故が発生した場合には、左（心肺蘇生）から順に、上からどんどん「いない人」に×をつけていき、いる人だけでまず対応します。
- 園に駆けつける職員がいる場合は、下の余白に書きます。

〈園外保育（お散歩、遠足、宿泊活動など）の場合〉
- この場合も基本は変わりません。
- 出発前に、園外にいる職員グループと園に残っている職員グループの両方に、「動向把握と連絡の係」を置いてください。

「緊急時の役割分担表」は、悩んでいたらいつまでも作成できません。このポイントにそって各園ですぐに作成し、分担表を用いた対応訓練を行いましょう！　できれば、抜き打ち訓練も。

●深刻事故発生時の記入例は次ページ、役割分担についての解説は14～23ページ参照

深刻事故発生時における「緊急時の役割分担表（順序）」記入例①

――園長が不在のケース

緊急時の役割分担表（順序）

心肺蘇生	園内外にいる全職員、管理者の動向把握と連絡（=事故後の現場責任者）	直後の外部連絡（当該児の保護者、自治体の担当者など）※	保護者や近隣への説明（求められたとき）	残った職員による継続保育を監督	事実の記録と送信を促す
⃝看護師	理事長	園長 ✕	園長 ✕	⃝リーダー保育士 △△	リーダー保育士 △△
主任	園長 ✕	⃝主任	⃝主任	リーダー保育士 ○○	⃝リーダー保育士 ○○
リーダー保育士 △△	主任	⃝看護師	看護師	××組の担任 ○○	××組の担任 ○○
リーダー保育士 ○○	⃝看護師	リーダー保育士 △△	リーダー保育士 △△	□□組の担任 △△	□□組の担任 △△
××組の担任 ○○	リーダー保育士 △△	リーダー保育士 ○○	リーダー保育士 ○○	△△組の担任 ○○	△△組の担任 ○○
□□組の担任 △△	リーダー保育士 ○○	××組の担任 ○○	××組の担任 ○○	○○組の担任 △△	○○組の担任 △△
△△組の担任 ○○	××組の担任 ○○	□□組の担任 △△	□□組の担任 △△		

★119番するのは、最初に、「救急車！」という声を聞いた人。
★事故の現場にいた職員が、救急車に同乗してください。
★その場になって「できません」は、絶対に許されません。

> 園長は○○市に研修で出張です。
> ○○時○○分に連絡済。
> ××時には帰園予定。

※看護師も役割にあてられている理由：救急搬送後、看護師は、理事長や主任を補佐する役割にまわることを示しています。

深刻事故発生時における「緊急時の役割分担表（順序）」記入例②

——理事長、看護師が不在のケース

緊急時の役割分担表（順序）

心肺蘇生	園内外にいる全職員、管理者の動向把握と連絡（＝事故後の現場責任者）	直後の外部連絡（当該児の保護者、自治体の担当者など）	保護者や近隣への説明（求められたとき）	残った職員による継続保育を監督	事実の記録と送信を促す
~~看護師~~	~~理事長~~	園長	園長	リーダー保育士 △△	リーダー保育士 △△
(主任)	園長	(主任)	主任	リーダー保育士 ○○	リーダー保育士 ○○
リーダー保育士 △△	主任	看護師	~~看護師~~	××組の担任 ○○	××組の担任（看護師にバトンタッチ）
リーダー保育士 ○○	看護師	リーダー保育士 △△	(リーダー保育士 △△)	□□組の担任 △△	□□組の担任 ○○
××組の担任 ○○	リーダー保育士 △△	リーダー保育士 ○○	リーダー保育士 ○○	△△組の担任 ○○	△△組の担任 ○○
□□組の担任 △△	リーダー保育士 ○○	××組の担任 ○○	××組の担任 ○○	○○組の担任 △△	○○組の担任 △△
△△組の担任 ○○	××組の担任 ○○	□□組の担任 ○○	□□組の担任 ○○		

★119番するのは、最初に、「救急車！」という声を聞いた人。
★事故の現場にいた職員が、救急車に同乗してください。
★その場になって「できません」は、絶対に許されません。

理事長は ○○市に出張です。
○○時○○分に連絡済。今日中には帰園できません。

○○先生（看護師）は、△△時には園に来ます。
来たら 園長の補佐（連絡）と、事実の記録・送信の係に まわってもらいます。

「個人の記憶の記録用紙」の書式例

拡大コピーをしてお使いください。

〔おもて面＝記録・送信面〕

事故の前・事故の時・事故後にあなたがいた場所と他の職員がいた場所（位置）、見たこと、聞いた声や音、言われたこと、あなたがしたこと、言ったことを、覚えている限り、すべて書いてください（くわしくは裏）。書くのも加筆修正するのも、黒色のボールペンを使ってください。

★書く前、書く途中、書いた後、**他の職員と内容について話しあうことは厳禁**です。
起きたことを理解するための大事な約束ですので、守ってください。

事故の直前

自分の名前（手書きで）

事故の時（瞬間）

事故の直後

紙のスペースは自由に使ってください。
記述は時間に沿っていなくてもかまいませんが、覚えている限り、時間も書いてください。

x

〔うら面＝この用紙の書き方・使い方（下部に送信日時の記録欄）〕

事故の時（直前、瞬間、直後）、〇〇児が見える場所に私は……

- **いた** → 「〇〇児が見える場所に私がいた」のは、事故の前？ 瞬間？ 直後？ それとも、事故の前〜瞬間〜直後（一部始終）？

  私が見た〇〇児の様子。私と他の先生の位置や行動、全体の状況、聞いた音や声、嗅いだにおい等は……（事故の前、瞬間、直後に分けて書く）。
  直接、見聞きしたこと。

  〔例〕A先生は部屋の〜で〜をしていた。B先生は〜で〜をしていた。
  　　私は部屋の〜で〜をしていた。他の子どもたちは〜をしていた。
  　　大きな声（誰の声？）がしたのでそちらを見たら、〇〇児が〜。
  　　A先生が〜した。私は〜した。……等々。

- **いなかった** → 私は〜にいた。事故の直前、瞬間、直後に私がしていたこと、見た状況、聞いた音や声、嗅いだにおい等は……。

事故の発生後に……

私がしたことは……

私が見た〇〇児の様子は……

私が見た、園にいたそれぞれの職員の様子は……

私が聞いた話は……
〔例〕〇〇先生から「〜〜」と聞いた。△△先生が「〜〜」と話している（電話をしている）のを耳にした。他の児（××児）が「〜〜」と言っているのを聞いた。

1） 思い出した順、印象に残っている順に、どんどん書いていってください。
2） 全体を書き終えたら、できごとの順番と覚えている時間（時間を覚えていたら）を文章の余白に書き加えてください。
3） 全体を書き終えたら、「ここは、人から聞いた話」「ここは、私が推測（想像）した話」という部分に波線をひいてください。自分が明らかに覚えていることには、波線をひかないでください。
4） 以上を書いたら、すぐに、おもて面をファックス送信してください。加筆修正したら、またファックスしてください（送信のつど、うら面下部に日時を記入）。これによって、口裏合わせをしていないという表明ができます。

最初に書いた日時	月	日	時	分	最初にファックス送信した日時	月	日	時	分
1度目の加筆修正	月	日	時	分	加筆修正を送信した日時	月	日	時	分
2度目の加筆修正	月	日	時	分	次に加筆修正を送信した日時	月	日	時	分
3度目の加筆修正	月	日	時	分	次に加筆修正を送信した日時	月	日	時	分
その後の加筆修正	月	日	時	分	次に加筆修正を送信した日時	月	日	時	分

●記入例は次ページ〜、記憶の記録についての解説は18ページ〜と27ページ〜を参照

深刻事故発生時における「個人の記憶の記録用紙」記入例①

——A保育士の場合

事故の前・事故の時・事故後にあなたがいた場所と他の職員がいた場所(位置)、見たこと、聞いた声や音、言われたこと、あなたがしたこと、言ったことを、覚えている限り、すべて書いてください(くわしくは裏)。書くのも加筆修正するのも、黒色のボールペンを使ってください。

★ 書く前、書く途中、書いた後、他の職員と内容について話しあうことは厳禁です。起きたことを理解するための大事な約束ですので、守ってください。

事故の直前

自分の名前(手書きで): AA AA

園庭の遊具倉庫のところへ 5歳児が遊びに使っていた なわとびや車を運んでいた。5歳児のしゃべり声と、C先生の「おへやに入るよ〜。手を洗って」という声が聞こえていた。後ろを向いていたので、みんなの声しか聞こえてなかった。

私が倉庫に向かっていく前には、△△くんだけでなく、4〜5人の子どもが まだ複合遊具で遊んでいたと思うが、くわしくは覚えていない。

(吹き出し) □□くんがいたかは覚えていない。「△△くん、まだ遊んでるな」と思った気はするが、あとは覚えていない。(19時15分 加筆)

事故の時(瞬間)

遊具倉庫の戸をあけて中に入ったとき、「何してるの！やめて！」という大きな声が聞こえた。C先生だと思った。持っていたものを全部おいて、急いで出て見ると、子どもが複合遊具のすべり台の下に倒れていた。すべり台の一番上のところに、□□くんが立っていた。走っていくと、△△くんが倒れていた。

(吹き出し) 顔は上を向いていたと思う。C先生が名前を呼びながら△△くんをゆすっていた。(19時15分 加筆)

事故の直後

「救急車を呼んで！」とC先生に言われて、「救急車を呼んでください！△△くんです」と大きな声で言いながら事務室に走っていった。「上から落ちたの。□□くんたちとケンカしていたのよ、上で」とC先生が大きな声で言っているのが聞こえたので、事務室で主任に伝えた。

「救急車が来たら、園庭に入れて」と主任に言われたので、門のところで待っていた。「来ないなあ」と思って待っていたら、◯時◯分にやっと来た。

紙のスペースは自由に使ってください。記述は時間に沿っていなくてもかまいませんが、覚えている限り、時間も書いてください。

(吹き出し) 腕時計を見ながら待っていたから。(19時15分 加筆)

事故の時（直前、瞬間、直後）、〇〇児が見える場所に私は……

● いた → 「〇〇児が見える場所に私がいた」のは、事故の前？瞬間？直後？
それとも、事故の前〜瞬間〜直後（一部始終）？

私が見た〇〇児の様子。私と他の先生の位置や行動、全体の状況、
聞いた音や声、嗅いだにおい等は……（事故の前、瞬間、直後に分けて書く）。
直接、見聞きしたこと。

〔例〕A先生は部屋の〜で〜をしていた。B先生は〜で〜をしていた。
私は部屋の〜で〜をしていた。他の子どもたちは〜をしていた。
大きな声（誰の声？）がしたのでそちらを見たら、〇〇児が〜。
A先生が〜した。私は〜した。……等々。

● いなかった → 私は〜にいた。事故の直前、瞬間、直後に私がしていたこと、
見た状況、聞いた音や声、嗅いだにおい等は……。

事故の発生後に……

私がしたことは……

私が見た〇〇児の様子は……

私が見た、園にいたそれぞれの職員の様子は……

私が聞いた話は……
〔例〕〇〇先生から「〜〜」と聞いた。△△先生が「〜〜」と話している（電話をしている）
のを耳にした。他の児（××児）が「〜〜」と言っているのを聞いた。

1) 思い出した順、印象に残っている順に、どんどん書いていってください。
2) 全体を書き終えたら、できごとの順番と覚えている時間（時間を覚えていたら）を文章の余白に書き加えてください。
3) 全体を書き終えたら、「ここは、人から聞いた話」「ここは、私が推測（想像）した話」という部分に波線をひいてください。自分が明らかに覚えていることには、波線をひかないでください。
4) 以上を書いたら、すぐに、おもて面をファックス送信してください。加筆修正したら、またファックスしてください（送信のつど、うら面下部に日時を記入）。これによって、口裏合わせをしていないという表明ができます。

最初に書いた日時	6月17日18時40分	最初にファックス送信した日時	6月17日18時50分
1度目の加筆修正	6月17日19時15分	加筆修正を送信した日時	6月17日19時30分
2度目の加筆修正	月 日 時 分	次に加筆修正を送信した日時	月 日 時 分
3度目の加筆修正	月 日 時 分	次に加筆修正を送信した日時	
その後の加筆修正	月 日 時 分	次に加筆修正を送信した日時	

記入日時、送信日時をそのつど記入。

深刻事故発生時における「個人の記憶の記録用紙」記入例②

――B保育士の場合

事故の前・事故の時・事故後にあなたがいた場所と他の職員がいた場所(位置)、見たこと、聞いた声や音、言われたこと、あなたがしたこと、言ったことを、覚えている限り、すべて書いてください(くわしくは裏)。書くのも加筆修正するのも、黒色のボールペンを使ってください。

★書く前、書く途中、書いた後、他の職員と内容について話しあうことは厳禁です。
　起きたことを理解するための大事な約束ですので、守ってください。

事故の直前　　　　　　　　　　　　**自分の名前(手書きで)**　BBBB

4歳児クラスで自由遊びをしていた。
クラスには、私とD先生がいた。
その時間は、4時15分くらいだったと思う。
そろそろお迎えの子がいるかなと思って、時計を見た後だったから。

事故の時(瞬間)

外から「やめて!」という声がしたので、立ちあがって窓から外を見たら、
C先生が地面に座って、誰かの名前を呼んでいた。C先生の背中しか
見えなかったので、誰かはわからなかった。
A先生が倉庫のほうから走ってきて、「救急車!」という声がしたので、
廊下から、「救急車を呼んで!」と事務室のほうに呼びかけた。
子どもたちが窓際に走りよって、窓をあけて外を見ようとしていたので、
D先生と窓のところに行って、「さあ、そろそろおかたづけの時間だよ」

事故の直後　　　と呼びかけて、注意をそらした。

C先生が大きな声で「△△くん」と呼んでいたので、△△くんに
何かあったんだと思ったが、うちのクラスの子どもたちの気が
散ってしまっていたので、子どもたちを集中させるほうが大変で、
何も見ていない。

紙のスペースは自由に使ってください。
記述は時間に沿っていなくてもかまいませんが、
覚えている限り、時間も書いてください。

しばらくして救急車の音がした。
窓の外をちょっと見ると、子どもが運ばれていた。

事故の時（直前、瞬間、直後）、○○児が見える場所に私は……

● いた → 「○○児が見える場所に私がいた」のは、事故の前？瞬間？直後？
　それとも、事故の前～瞬間～直後（一部始終）？

　私が見た○○児の様子。私と他の先生の位置や行動、全体の状況、
　聞いた音や声、嗅いだにおい等は……（事故の前、瞬間、直後に分けて書く）。
　直接、見聞きしたこと。

　〔例〕A先生は部屋の～で～をしていた。B先生は～で～をしていた。
　　　私は部屋の～で～をしていた。他の子どもたちは～をしていた。
　　　大きな声（誰の声？）がしたのでそちらを見たら、○○児が～。
　　　A先生が～した。私は～した。……等々。

● いなかった → 私は～にいた。事故の直前、瞬間、直後に私がしていたこと、
　見た状況、聞いた音や声、嗅いだにおい等は……。

事故の発生後に……

私がしたことは……

私が見た○○児の様子は……

私が見た、園にいたそれぞれの職員の様子は……

私が聞いた話は……
〔例〕○○先生から「～～」と聞いた。△△先生が「～～」と話している（電話をしている）
　　のを耳にした。他の児（××児）が「～～」と言っているのを聞いた。

1) 思い出した順、印象に残っている順に、どんどん書いていってください。
2) 全体を書き終えたら、できごとの順番と覚えている時間（時間を覚えていた
　ら）を文章の余白に書き加えてください。
3) 全体を書き終えたら、「ここは、人から聞いた話」「ここは、私が推測（想
　像）した話」という部分に波線をひいてください。自分が明らかに覚えて
　いることには、波線をひかないでください。
4) 以上を書いたら、すぐに、おもて面をファックス送信してください。加筆修
　正したら、またファックスしてください（送信のつど、うら面下部に日時を
　記入）。これによって、口裏合わせをしていないという表明ができます。

最初に書いた日時	6月17日18時50分	最初にファックス送信した日時	6月17日18時55分
1度目の加筆修正	月　日　時　分	加筆修正を送信した日時	
2度目の加筆修正	月　日　時　分	次に加筆修正を送信した日時	
3度目の加筆修正	月　日　時　分	次に加筆修正を送信した日時	
その後の加筆修正	月　日　時　分	次に加筆修正を送信した日時	

記入日時、送信日時をそのつど記入。

目　次

はじめに
●本書のポイントと参照ページ　iii
●心肺蘇生の流れ　iv
●「緊急時の役割分担表（順序）」の書式例　v
●準備段階における「緊急時の役割分担表（順序）」の記入例　vi
●深刻事故発生時における「緊急時の役割分担表（順序）」記入例①　viii
●深刻事故発生時における「緊急時の役割分担表（順序）」記入例②　ix
●「個人の記憶の記録用紙」の書式例　x
●深刻事故発生時における「個人の記憶の記録用紙」記入例①　xii
●深刻事故発生時における「個人の記憶の記録用紙」記入例②　xiv
目　次　xvii

第1章　深刻事故が起きたとき──緊急時対応

1　救急対応
　──子どもが意識を失った、危険な状態にある、というときの対応　2
　●「大変だ！」というときに、まずすること　2
　●とにかく心臓マッサージ（胸骨圧迫）をする　3
　　＊119番通報のポイント　4
　　＊119番通報のポイントと、伝えるべきこと　5
　　(特別コラム)　小児救急トレーニングの大切さ　6
　　＊小児救急を学べるプログラム、教材　13

2　園での対応──あらかじめ決めておいた役割分担に従って、迅速に　14
　●誰が何をするか、不在時は誰が。平常時に役割分担と順番を決めておく　14

●事故直後の役割とその内容　16

■「記憶をすぐに、一人で書く」理由——心理学の知見から　27
□「すぐに書く」わけ　27
□記憶は、上書きされていく　27
□記録は、園が口裏合わせやねつ造をしていないことの表明　29

3　園での対応
—— 事故後の対応、再発防止、そして、保護者とのかかわりの重要性　31
●事故後の対応の重要性　31
●「何が起きたのか知りたい」という声に応える　32
●日ごろから、ていねいなコミュニケーションを重ねることの大切さ　34

特別コラム　クライシス・コミュニケーション　37

第2章　「起きたこと」を記録、検証することの大切さ
——システムづくりの提言

1　原因調査の現状と重要性 —— 予防可能性を広げる　46
●「予防できるはずの死亡」が毎年同じように起きている　46
●「原因不明」だったものも予防可能に　47
●「子どもの死＝犯罪を犯した」ではない　48
●原因を調査し、予防可能性を検討することの重要性　49
●正確な情報を持っているのは警察のみ　51
●裁判は、原因を明らかにする場ではない　52
●科学的な視点から予防策の検討を　53
●対立ではなく、共に事実に向きあう関係へ　54
●「万が一」に備えるために　55

目 次

> ■子どもの死因検証制度と、保育園・幼稚園の深刻事故予防　58
> 　□日本の現状は……　58
> 　□CDRとは？　59
> 　□死因検証を重ね、次の予防につなげる　60
> 　□保育現場にとっての死因検証制度の意義　61
> 　□「将来の深刻事例」をできる限り減らすために　63

2　経緯、原因を明らかにするシステムづくりを
―― 子どもを失った一人の親として　65

- 死亡事故から聞き取りへ　66
- 面積最低基準違反。実は、見守りも欠けていた　67
- 職員の心を守ることは管理者の責務　69
- 起こった事実を知り、予防につなげる意義　70
- 死亡までの経緯、死因を明らかにするシステムを　71
- 保護者ではなく、第三者機関が担うべきシステム　73
- 遺族である保護者と保育者の対話に向けて　74

第3章　深刻事故はどの園でも起こり得る――事例に学ぶ

1　保育現場での深刻事故事例――Injury Alert（傷害速報）より　78

- 固定遊具のすき間に首がひっかかった事例（Injury Alert No. 27）　79
- 木製おもちゃの誤嚥による窒息（Injury Alert No. 47）　82
- スーパーボールによる窒息（Injury Alert No. 3）　83
- 室内ブランコによる頭蓋内損傷（Injury Alert No. 21）　85

xix

2　保育現場での深刻事故事例 ── 日々の報道から学べること　87
　●溺水　87
　●頭部（脳）外傷、脳震とう　89
　●食物アレルギー　91

第4章　深刻事故の予防と対応のために
──基本的な考え方と日常の取り組み

1　深刻事故の予防と対応のために ── 知っておいていただきたいこと　96
　●「事故」は結果ではなく、できごとのプロセス　96
　●ニア・ミスの一部がヒヤリハット　98
　●事故が結果に至った場合：傷害、食物アレルギー発症など　100
　●事故は起こる。結果が深刻にならなければよい　101
　●深刻な結果はめったに起こらない＝「私たちは大丈夫」　103
　●深刻な結果を効果的に予防する　104

2　深刻事故の予防と対応のために ── 日常的に取り組んでいけること　108
　●心肺蘇生や誤嚥対応、救急法をくりかえしトレーニングする　109
　●ヒヤリハットや傷害／発症事例を記録する　110
　●言葉に出す、復唱する　112
　●子どもたちの動き、他の職員の動きを見る　113
　●リーダー、自治体が先頭に立つ　114
　●行政、関係機関と協働する　116

第1章
深刻事故が起きたとき
──緊急時対応

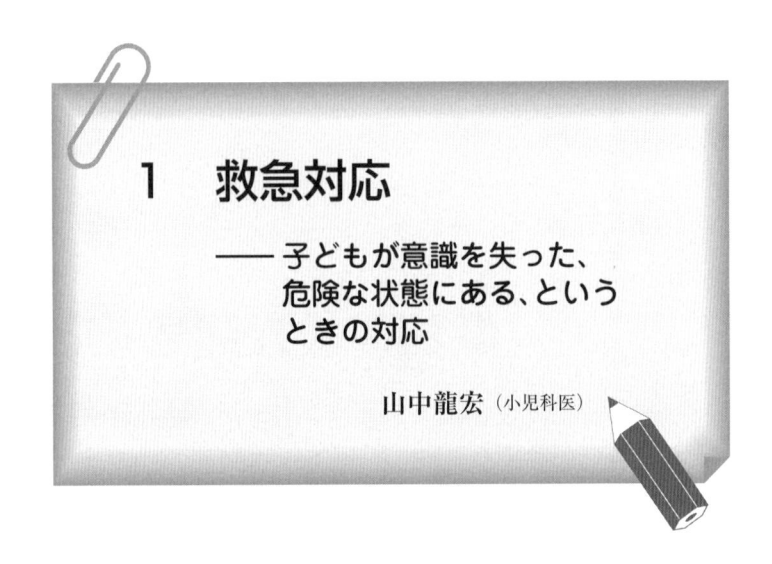

1 救急対応
―― 子どもが意識を失った、危険な状態にある、というときの対応

山中龍宏（小児科医）

● 「大変だ！」というときに、まずすること

　子どもの意識がない、動かない、けいれんしている、唇の色が変わってきた……、こういうときは、とにかく救急車を呼びます。心肺蘇生をしながら、「救急車を呼んで！」と大声で叫んでください。現在、救急車が現場に到着するまでの時間は、全国平均で約7分半です。この数分が文字どおり、生死を分けます。

　施設によっては、「救急車を呼ぶかどうかは上司や責任者に決定をあおぐ」となっている所もあるようですが、これは絶対にやめること。たとえ数分のことであっても、命にかかわります。保育者も心肺蘇生法や止血などの救急実習を定期的に受けて、自分の判断で動けるように訓練をしておかなければ、子どもの命は守れません。たとえ後になって、命にかかわることではなかったとわかっても、救急車を呼んで失敗だったということはないからです。

　保育施設で必要なのは、乳幼児の心肺蘇生ができる、AED（体外式

自動除細動器）の設置場所は誰もが知っていて使うことができる、救急車を呼べる、そういう訓練です。今の時代、保育施設にも必ずAEDを設置しておいてほしいと思います。その他、止血の方法や、どんなときには子どもの体を動かしたり抱き上げたりしてはいけないか（頸髄損傷の恐れがあるときなど）といった判断ができることも重要です。

　プール脇の壁には、心肺蘇生の方法のポスターを貼っておきましょう。そして、プールの脇など、緊急事態が起こりそうな場所には電話を設置し、119番をしたときに話す内容を掲示しておく。折りたたみプールを夏だけ設置する園でも、その時期はポスターと電話の内容をプールに近い場所に貼り、携帯電話をそばに置きましょう。

●とにかく心臓マッサージ（胸骨圧迫）をする

　心肺蘇生法は、子どもの心肺蘇生法も含め、世界標準として数年おきに改訂されています。以前は、呼吸の有無や脈を確認し、人工呼吸から始めるようになっていました。しかし、一般の人がこれらを正確に行うことは難しいため、誰でもできることだけに改訂されました。

　今は、「最初から心臓を押す（胸骨圧迫をする）」が世界のスタンダードです。ともかく胸骨圧迫だけ行って、脳に酸素を届けることを最優先にします。ivページのイラストの「心臓マッサージ（胸骨圧迫）」を行うだけでも、救命率が上がることが明らかになっています。

　「心肺蘇生なんてできない」「失敗したらどうしよう」と、躊躇してしまうこともあるでしょう。「心肺蘇生をしたが救命できなかった」、そのような場合でも、法的責任を問われることはありません。反対に、心肺蘇生をするべきなのにしなかった、救急車をすぐに呼ばなかったという場合には、施設側が教育・訓練の努力、対応の責任を怠ったと

みなされる可能性もあります。とにかく、「救急車を呼ぶ！」「心肺蘇生！」が反射的にできるよう、日ごろからトレーニングをしましょう。

119番通報のポイント

　救急の通報をするときには、まず落ち着くこと。そして、次ページに示したポイントをしっかりおさえ、尋ねられたことにも適切に答えられるように通報してください。

　次ページのポイントと必要事項を書いたものを、事務室の電話の横に貼りましょう（次ページを拡大コピーして、そのまま掲示してもよいでしょう）。夏場、事務室から少し離れた場所でプール活動をするときには、プールの横に同じ内容を書いた紙を携帯電話と一緒に置いてください。散歩や園外保育のときは、ポイントと必要事項を書いた紙を携帯電話と一緒に持ちましょう。

　園内（室内、園庭）活動中と散歩中、定期的に通報の練習をすることも不可欠です。ただし、「今日は〇〇公園で、△△先生が通報する番」と決めておいたのでは練習になりませんから、抜き打ちで「今から、あなたが通報して」と指示を。そこでびっくりしていたのでは、本当に事故が起きたとき、冷静な通報はできません。

1　救急対応——子どもが意識を失った、危険な状態にある、というときの対応

119番通報のポイントと、伝えるべきこと

1．「救急です」
　119番につながったら、まずはっきり「救急です」と言います（＝火事ではない）。

住所：
目印：

2．場所（住所）を告げる
　園敷地内で起きた場合は、園の住所を言います。保育施設は住宅地の中のわかりにくい場所にあることも多いので、救急車が来るときに目印となる公園や交差点名なども告げましょう（住所、目印は電話の横に書き出しておきます）。
　散歩や園外活動のときも、公園や施設の名前や住所、通過する大きな交差点や目立つ建物などの名前を言えるよう、地図を作って携帯します。

3．事故の状況を説明する
　「誰が」「どうしたのか」を正確にわかりやすく伝えます。たとえば、「○時○分ごろ、×歳児が1人、高さ1.5メートルの滑り台から落ちました。動きません。泣いてもいません。どこを打ったかはわかりません」「○時○分ごろ、×歳児が給食中に○○を（何かを）喉に詰まらせました。唇が青くなってきました」。
　基本は、「いつ、どこで、誰が、何を（何から、何に）、どうした」と「今、〜な状態である」です。こうした情報は救急を要請するときだけでなく、ヒヤリハットや事故の情報を共有するときにも不可欠ですので、日常的にこうした情報を書く（話す）習慣をつけましょう。

4．通報者の氏名と連絡先を告げる
　「私の名前は、○○です。電話番号は〜」と告げます。園外におり、携帯電話から通報している場合には、携帯電話であることも告げます。

5．通報後は、しばらく電源を切らない
　通報を処理するセンターから確認の電話がくる場合もあるので、通報後しばらくは電源を切らないこと。園に電話をしている間に確認の電話がくる可能性もあるので、割り込み通話ができるように設定しておきましょう。

6．救急車を迎える
　道路などに出て、救急車に合図をしましょう。すでに暗くなっていたら懐中電灯を持って出て、救急車に合図を。

＊「正しい119番通報の方法」（総務省消防庁防災情報室）の内容を保育施設向けに改変しました。http://www.fdma.go.jp/ugoki/h1610/19.pdf

特別コラム

小児救急トレーニングの大切さ

遠藤 登

保育士。認可外保育所園長を9年間務める。保育事故の応急救護インストラクター。2011年、目を離した5分間に午睡中のお子さんが心肺停止に。心肺蘇生と救急搬送をするも生きてご家族のもとへお引き渡しできませんでした。病死と判明するまでの3か月、反対にお子さんのご家族から励まされ支えていただく体験を経て、苦しむご家族と保育者を減らすべく保育事故対応を専門とした救急救命法の普及に携わっています。
ウェブサイト「保育園児のための保育安全のかたち」
http://child-care.ne.jp/

一瞬のためらい

　僕自身、ずっと心肺蘇生法のトレーニングをしていましたし、「僕の園でそんなこと（子どもの死亡）が起こるわけはない」と思っていました。お子さんが動かない、反応がないとわかって、すぐに心肺蘇生を始めて先生たちに声をかけて119番をして……。するべきことはすべてして、聞かれたらすべて説明できるようにしていたつもりでした。

　ところが後で時間を追って聞かれてみると、「無駄だった」と思える時間があるんですね。たとえば「（蘇生をすることで）隣でお昼寝をしている他の子を起こしてしまうんじゃないか」と、ふと考えてしまった一瞬であったり……。一種の「おとなの事情」が前に出てしまって、「とにかく命を助けなければ。行動しなければ」という気持ちが一瞬、働かなくなってしまう。心肺蘇生のトレーニングを積んできて、すぐ動けるはずだった僕もそうだったんだと、後で愕然としました。

　今、トレーニングをしていると、「園長に聞かないと119番できない」「看

護師がいないと救急対応できない」という姿勢が先生たちの中にあるのを感じます。責任や立場といった「おとなの事情」がどうしても前に出てしまう。そのうえ、心肺蘇生や応急処置ですぐ動ける訓練も受けていない。これでは、子どもの命を救うことはできません。

プロとして、心肺蘇生や救急法を身につける

　日本の心肺蘇生トレーニングのほとんどは、「もし電車で倒れた人がいたら……」というような「善意の行為」のレベルです。でも、保育施設は本来、違うはずです。命を守ることは僕たちの仕事の一部ですから、職業人として心肺蘇生や救急法は身につけるべきです。保育者には安全配慮義務も注意義務もあるという事実を前提に、「子どもは死ぬことがあるんだ」という意識づけをする。子どもの状態を冷静に見る目をもって、訓練をする。「もしも苦しんでいる子どもがいたら助けてあげたい」じゃありません。「子どもは死ぬことがある。だから、死にそうだと見てとったら助けられるようにしておかなければ」です。

　一方で、僕たちがする蘇生や救急は、医師がするものとも違う。たとえば、「子どもの人工呼吸は難しい」と言われます。確かにそうですが、保育現場の対応は救急車が来るまでの間、状態の悪化を防ぐためです。子どもが溺水したときに人工呼吸ができなかった、しなかった。それで「なぜしなかったんだろう」と後で後悔しないようにしたい。山中先生が書いていらっしゃるように、胸の真ん中を押す行為をするだけでももちろんいいのですが、保育のプロとしてはそれでいいのでしょうか。

　ふだん、心をこめて保育をしている先生たちですから、お子さんが亡くなったらとても後悔するでしょう。「できたことがもっとあったはず」「やり残したことはなかったか」……。僕も今でも後悔します。その後悔をできる限り少なくしたい。「園として、保育者として、できることは全部しました」と思えることは決してないとしても、後悔を少なくしたい。心肺

蘇生や救急の方法を身につけてすぐに動けるようにしておくのは、そのためだと僕は考えています。

「ふだんと違う」に気づく

「心肺蘇生や救急法はすごく難しい」と、先生たちは考えているようです。「正しく救急車を呼ばなければ」「状況を正しく園長先生に伝えなければ」と難しく細かく考えすぎて、逆に本当に必要なところをご存じない。「（知っていただきたいことは）これだけですよ」とお伝えすると、「え、それだけで動いていいんですか」「そんなことで119番していいんですか」とおっしゃいます。保育者の場合、必要なところは本来なら訓練していなくてもできるはずなのに、そこを難しく考えて、できなくしてしまっているように思います。

「本来できるはずの本当に必要なところ」とは、日常の子どもの姿との比較です。たとえば、大切なのは、子ども一人ひとりの呼吸の特徴をわかっているかどうか。「この子は、いつも鼻が詰まったような呼吸をしている」「この子が寝ているときは、呼吸がすごくかすかだ」ということを、担任の先生は知っていることが望ましいわけです。それを知っているかいないかで、午睡のときのチェックや、呼吸が異常かどうか、ふだんの呼吸と違うかどうかの判断が変わって、ivページに示してある心肺蘇生法の進め方にも影響します。

あるいは、子どもが泣いているとしますね。その子がふだん機嫌が悪くて泣いているのと、ふだんとは違って苦しくて痛くて泣いているのと、その違いを感じられるかどうかです。保育者はよく、「子どもに寄り添う」と言いますが、本当の「寄り添い」はこれだと僕は思います。たとえば、「ふだんと泣き方が違うな。どうしてだろう」と感じたら「呼吸が苦しいから、こういう泣き方になっているんだな」と意識的に考えられること。

ところが保育者の中には、「泣いている」「痛そうにしている」のほうに

だけ目が行って、「かわいそう」「気持ちをわかってあげよう」と、先生自身の主観的な解釈の世界に入っていってしまう人がいます。これでは大事な比較ができない。「泣いている＝気持ちをわかってあげなければ」では、話が難しくなってしまうだけでなく、危機を見逃す可能性もあります。まず単純に「ふだんの泣き方と違う」「ふだんの痛がり方と違う」と気づいて全身の状態を観察する方向に行ければ、「これは異常だ」とわかります。反対に「いつもと同じ泣き方だな」と思ったら、子どもとゆっくり話をして気持ちをわかってあげればいいのです。

深呼吸をして、観察、そして行動へ

　違いに気づくためには知識も必要ですが、保育者自身、落ち着くことが最初の一歩です。保育者がパニック状態では、違いに気づくことも心肺蘇生も何もできません。だから僕はトレーニングのとき、「『あ！』と思ったら、動く前にまずは深呼吸してください」とお話しします。深呼吸して、子どもをしっかり観察します。子どもの気持ち（＝保育者の解釈）ではなくて、客観的な子どもの状態を、です。そして、次に何をするかを判断します。

　たとえば、子どもが固定遊具から落ちた。「うわっ！　大丈夫？」「痛くない？」、あわてて抱き起こしたら頸髄損傷を起こす可能性もあります。まず深呼吸をして落ち着き、「へたに動かしてはいけない」と自分に言い聞かせる。泣いているとわかれば、それはとりあえず生きているということですね。逆に「泣いてもいない。まったく動いていない」となれば、その事実を受けて119番を判断する。行動は子どもを観察してからです。

　トレーニングの目的は、即座に必要な行動ができるようになることだけではありません。適切な行動の判断ができるようになることも目的のひとつです。むやみに行動するのではなく、「○○の状態だと観察できたので、△△をしました」と言える。「○○だったので、背中を叩きました」「××

だったので、背中を叩きませんでした」と後で振り返って説明できる。そのためには、そのときの子どもの状態を観察できる冷静さが不可欠です。急いでいるけれども冷静でいられる、トレーニングをくりかえす理由はここにあります。

窒息時 ── 子どもの状態を観察し、目的に合った行動を

　子どもが窒息したときも同じです。冷静にひとつひとつを観察して、決めて、行動する。最近は、子どもの呼吸に意識を向ける大切さもお話しさせていただいています。保育施設で起こる死亡は、窒息や溺水、誤嚥が多いので。そうすると、人工呼吸の大切さ、あるいは人工呼吸までいかなくても気道を確保する大切さが出てきます。実際、気道確保だけで呼吸が戻ったケースもあります。

　現場のお話を聞いていると、「何か詰まったな」と思ったらすぐに背中をトントンと叩いたり撫でたりする先生がとても多いようです。水やお茶を飲ませる方もいます。でも、どれも実は、子どもの状態を観察しないままだと逆効果になりかねません。せっかく自分で異物を出そうとしているのを、逆に詰まらせてしまうかもしれないのです。また、指を口の中に入れてかき出す、舌根を押すという先生もいますが、どちらも良い方法とは言えません。足を持って子どもをぶら下げ、背中を叩くケースもありますが、これは頸髄損傷の恐れもあります。

　では、どういうときにどうすればよいのか。これは呼吸や窒息について、まずきちんと学んでいただくことが不可欠になります。ただ、ここで言えることがひとつあります。窒息の解除方法はどれも万能ではありませんので、まず窒息させないことに注意を払ってください。

日常の活動として、園内で救急トレーニングをくりかえす

　適切な規格のマネキンに十分な時間ふれた心肺蘇生トレーニングを体験

すると、「これは園の中で自分一人ができればいいものではないんだ」と実感していただけます。子どもの命を救う作業は大変です。特定の先生一人で抱えられるものではありません。本当の意味で「園のみんなで助け合おう」「みんなで救命法の訓練をしよう」と感じていただくことが、とても大切だと思っています。

　日本の場合、保育者が受けて身につく小児・幼児の救急救命プログラムや、現場で使えるキットがあります（13ページの囲み記事参照）。救命講習自体は誰がしてもよいので、看護師か誰か一人が徹底的に意味をわかって訓練を受けて、園で教材をそろえれば、どこの園でもできます。園の中で何度もくりかえし練習をしていけば、救命講習は「イベント」ではなく、日常の活動になると思います。

　また、万が一のとき、救命法をできる先生が誰もいないということもあるかもしれません。そのときは消防の口頭指導を活用してください。口頭指導は、特に大ケガや出血、異常な行動といった、心肺蘇生法以外のさまざまな対応を必要とするときにも指示を受けられるので役立ちます。

　ただし、口頭指導を受けるうえでもトレーニングは必要です。119番をかけた人（通報者）がパニックに陥っていて救急から尋ねられたことに答えられない、指導を落ち着いて聞けない（＝指導どおりに行動できない）ケースが多いからです。まずはふだんから、子どもの様子を電話で的確に伝えるシミュレーション訓練をしましょう。これは事故があったとき、保護者や、出張に出ている園長に電話で事実を的確に伝える訓練にもなります。

「良い保育」をしているから深刻事故は起きない、は間違い

　どんなに「良い保育」をしていても、園で子どもが死にそうになること、亡くなることはあります。だから、「うちの園でも起こるかも」と考えて、皆が救命活動をできるようになりましょう。「私たちは良い保育をしているのだから、子どもが死ぬような事態が起こるはずはない」と思い込んで

準備をしていなかったら、万が一のときにあわててしまいます。

　時として、「安全な保育」と「良い保育」は対立するもののようにも言われますが、園と保育者に課せられた義務を考えれば、「安全な保育」は「良い保育」の一部だと思います。ただ、「安全な保育」は、具体的な環境設定や万が一のための訓練を必要とします。「良い保育なのだから、安全です」と言っただけでは、安全はつくれません。

　保育は子どもの遊びやすさや楽しさ、発達を考えて、育ちを促す仕事です。その部分を優先させれば、結果としてリスク（危険）が出てきます。保育で優先させる部分と生じるリスクのバランスをどうとるか。そこを考えられるようになっていくと、「良い保育であり、かつ安全な保育」ができていくのではないでしょうか。つまり、「子どもがこういう活動をする以上、ケガはする。ケガから学ぶこともある。でも、死ぬようなことになってはいけない。どうしたら重篤な結果を防ぎながら、『良いケガ』をさせられるか」です。誰がケガをしても同じように小さなケガで済み、子どもがそこから学んでいけるなら、それはすばらしい保育環境だと思います。その上に「良い保育」が成り立っていくのだと思います。

〔特別コラム〕小児救急トレーニングの大切さ

小児救急を学べるプログラム、教材

1．小児・幼児の救急救命プログラム

●メディック・ファースト・エイド（MFA）の「チャイルドケアプラス」
http://www.mfa-japan.com/index.shtml

　アメリカ発祥のプログラム。アメリカのガイドラインに基づいており、日本と解釈や手順が異なる部分もありますが、映像教材などの出来が群を抜いています。

●マスターワークスの「L.S.F.A.-Children's」
http://www.ne.jp/asahi/master/lsfa/

　日本発祥のプログラム。一般市民向けとしては唯一、日本における子どもの事故データを詳細に分析してプログラムを更新し続けている団体です。

2．現場で使える教材

●ミニベビー（乳児CPR学習キット）
http://www.laerdal.com/jp/doc/184/US-Infant-CPR-Anytime#/Info

　安価で場所をとらない、自習を目的としたマネキン。保育する乳児の姿をイメージしながら、他の安価なマネキンにはない人工呼吸の練習ができるのが特徴。

●ファミリー＆フレンズCPRコース
http://eccjapan.heart.org/course/ffcpr.html

　ドラマと講習仕立ての映像教材。画面で心肺蘇生の方法を見ながら、そのままに真似して練習するため、誰でも世界標準の救命講習を開催することができます。

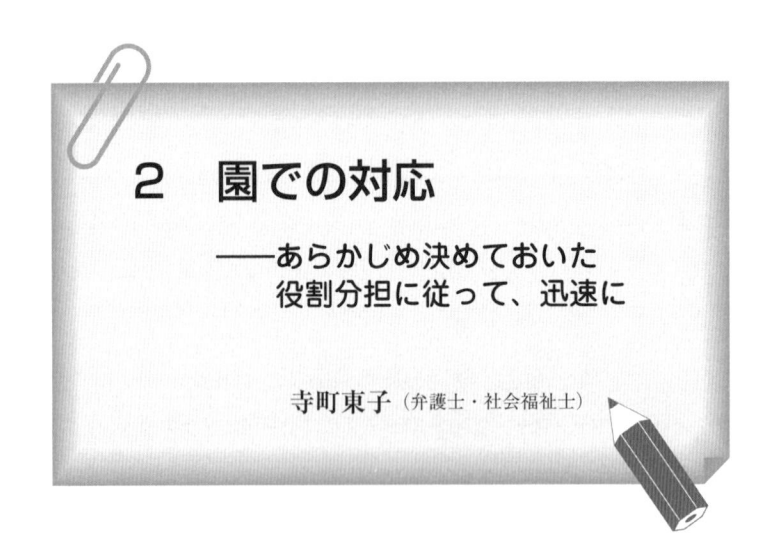

2　園での対応
――あらかじめ決めておいた役割分担に従って、迅速に

寺町東子（弁護士・社会福祉士）

● **誰が何をするか、不在時は誰が。**
平常時に役割分担と順番を決めておく

　保育園や幼稚園で子どもの命にかかわるような事態が起きたときは、当然ですが、まず救急車を呼びます。前項2ページでも強調しているとおり、ここで躊躇したり上司に相談したり、はありえません。自家用車で子どもを運ぶケースもみられますが、たとえばそれで病院をたらい回しになって手遅れになった場合、そのこと自体で責任を問われます*。異常に気づいたら、まず救急車です。園長や副園長、看護師が不在にしていても、現場判断で救急車を呼ぶべきことを徹底してください。

　次に、決めてあるマニュアルに従って職員が行動します。最初のポイントは明確な役割分担、「誰が何をするか」です。園長がいれば救急車を追って病院に行く（救急車への同乗は事故現場をもっとも見ていた人）。その場合、誰がその後の園の責任を担うのか。園長が外出中の

場合は誰が病院に行き、誰が園の責任を担うのか。園長も副園長も主任もいなかったら？　外出中の園長やその他の管理者に緊急連絡をとる方法は？　たとえば管理者が遠路出張中で、すぐには園に戻れない場合には？

　この手順ははっきりとマニュアル化しましょう。簡単な方法は、職員を理事長、園長など上から順番にランク付けしておき、それぞれの役割について、「この人がいなかったら、次の人。その人もいなかったら、その次の人」と決めておくことです。

　決めておくべき役割の主なものは、次のとおりです。

① 救急車を呼ぶ（子どもの急変・異常を知った人、誰もが直ちに）
② 心肺蘇生を行う
③ 病院に同行する（現場をもっともよく見ていた人が救急車同乗。事故時の園内の責任者などが追って病院へ行く）
④ 事故直後、その子どもの保護者、自治体関係部署に連絡する
⑤ 事故当日、他の子どもの保育を行う（保育全体を監督）
⑥ 事故直後、交代で事実の記録を書くよう職員に指示する
⑦ 園全体をみながら、病院に同行している職員など、それぞれの役割の間の連絡をとる（事故時の園内の責任者など）
⑧ 事故当日、必要な場合や尋ねられた場合に、他の子どもの保護者や近隣に説明する（事故後、園内にいる責任者など）
⑨ 臨時職員会議を行い、翌日以降の保育体制の応急点検を行う

　いくつかの役割の内容については次にくわしく述べますが、まず重

要なのは、前ページの役割と不在時の順位付けを必ずしておき、事故が起きたらそのマニュアルに必ず従うことです（vページの役割分担表参照）。その場になって、「できない」「やりたくない」「○○先生、お願い」は許されません。そして、割り当てられた役割にいったん取り組み始めたら他人の役割には口を出さず、自分の役割に集中し、そこで失敗が起こらないようにしてください。全体の役割の調整は、その時点で園内にいる最高責任者に一任します。

深刻事故の後は園全体が混乱します。別の事故も起きやすくなります。そのような事態に陥らないためにも、災害時の避難訓練同様、深刻事例時の対応訓練をくりかえしておきましょう。

●事故直後の役割とその内容

(1) 病院に同行する役割

救命措置にあたって、異常発見時の現場の情報を尋ねられることがありますので、現場でその子どもの様子をもっともよく見ていた人が救急車に同乗してください。

また、救命救急センターで保護者と対応したり、救命救急センターで得た情報を園や行政に報告する役割を担うために、事故当時、園内にいた最高責任者も、別の車で救急車に同行するのがよいでしょう。

(2) その子どもの保護者、行政の関係部署に連絡する役割

事故直後、その子どもの保護者にすぐ連絡するのは当然ですが、自治体の関係部署（保育課など）への連絡は失念されるケースがあります。「子どもの様子を見てから連絡しよう」と考えることもあるかもしれません。けれども、自治体との緊密な連携、情報提供が、その後の流

れに大きく影響することもあります。また、「連絡が遅れること」は否定的な結果につながりがちです。なにはともあれ、一報を入れておきましょう。第一報は後で説明するとおり、「その時点でわかっている事実」だけでかまいません。

連絡を受けた行政の関連部署では、事故当時の状況を把握するとともに、残った園児の当日の保育や、園児への心理的な影響に対して、支援をしてくれることもあります。

(3) 保育全体を監督する役割

深刻な事故が起きれば、園全体が混乱します。保育も手薄になります。結果、別の事故が起こりやすくなります。ですから、事故対応を担当する職員以外は集中して通常の保育を行えるよう、監督する職員が全体に声をかけ、子どもたちも含め、園全体を落ち着かせることが大切です。

【重要】現場はそのままにしておく

事故が起こった場所が屋内であれ屋外であれ、事故が起こったときの状態のままにしておくことが不可欠です。特に屋内での事故の場合、事故が起こった部屋から子どもを移動させ、事故が起きたときの状態を維持しておきましょう。着衣やシーツを洗濯してしまったり、現場を清掃してしまったりしてはいけません。少なくとも警察の現場検証が終わるまで、そのままの状態で保全しましょう。

(4) 事実の記録を書くよう指示する役割

通常の保育を行う一方、事故当日のできる限り早い時間に、各職員が交代で「自分の見た事実」を記録することが、何が起こったかを確認し、次につなげるために不可欠です。職員が保育室を離れて事実を

記録できる時間をつくるよう、保育全体を監督する役割の職員は全体の調整をしてください。

【重要】起こった事実を記録する

　園に残った職員がしなければいけない重要な作業は、その日のうちにできる限り早く、事実を記録することです。ここで言う「事実」とは、それぞれの職員がその**事故の前、最中、後に「見たこと、したこと、言ったこと、耳にしたこと」**です。つまり、それぞれの職員にとっての事実です。「園全体にとっての事実」ではありません。

　次の方法で行います。これもマニュアルとして明記して、誰にでもわかる場所に置いておいてください。

① ボールペンなどの、修正できない筆記用具で、紙に、手書きで記録する。
② 一人ひとりが個別に記録する。できれば、他の職員がいる保育室や職員室ではなく、誰もいない所で書く。
③ 記録する前や記録している最中には、絶対に他人と相談しない。
④ 書き終わったものを他の職員に見せない。他の職員が書いたものを見ない。書いた内容について話をしない。
⑤ 書き終わったものは、すぐに行政の担当部署にファックスする。園の中だけに保管しない。
⑥ 書いた後、本人が「間違った」「書き忘れた」という場合には、ファックスした紙に加筆、修正をし、ふたたび担当部署にファックスする。紙が足りなければ別紙に書いてファックスする。

これは、事故が起きた直近の時点で、それぞれの職員が経験した「事実」をフィックス（固定）する作業です。人間の記憶は非常にあいまいで、時間が経てば薄れていきます。他人と話をするだけで、「そうだったかも」と記憶が書き換えられてしまうこともあります（記憶に関しては、27〜30ページ参照）。それを避けるために、事故が起きた後なるべく早く、一人ひとりが自分の見たこと、したこと、言ったこと、聞いたことを書きとめるわけです。

　Ａ先生とＢ先生の書いていることが、結果的に食い違っている場合もあります。違っていて当たり前です。ひとつのできごとも、見る人によって異なって見えるからです。ここで大事なのは、各職員の記憶を一度、フィックスすることです。皆で相談して、同じ答えを書くことではありません。後でこの紙を持ち寄り、それぞれが記録したことをもとに、「何が起きたのか」を明らかにしていきます。

　この手順の大切なポイントを解説しておきます。

　まず、①ボールペンなどの、**修正できない筆記用具で書く**理由は、後で改ざんができないようにするためです。書き直した人には改ざんの意図がなくても、文字を消した跡があれば「改ざんしたのではないか」と疑念を持たれます。

　②③④一人ひとりが**個別に記録し、誰とも相談しない**のは、記憶の改変を防ぐためです。心理学のさまざまな研究からわかっているように、人間の記憶は簡単に歪みます。それを防ぐためには、職員一人ひとりが誰とも相談せずに記録することです。

　⑤⑥**書き終わったものを行政の担当部署にファックスする**のは、これも「改ざんやねつ造をしたのではないか」という疑いを持たれないようにするためです。書いたものをどこにも出さず、園の中に置いておいたら、たとえ紙に日付や時間が書いてあっても疑いを持たれかね

ません。行政の担当部署にファックスしておけば、ファックス受領の日付も含め、記録の証明が残ります。間違いや書き忘れを元の用紙に加筆、修正してファックスし直すのも同じ理由です。

「私たちの園では、正直に事実を話している」「誰もねつ造、改ざんなどしない」と主張しても、改ざんや口裏合わせができる方法で記録していたら、疑いを持たれても反論ができません。疑いが生じることで、園に対する不信感が生まれます。上のような手順をはっきり踏むことは、「正直に事実を記録している」ということを明確な行動で示す方法です。園と職員が「事実をきちんと記録しよう」「何が起きたのか、きちんと理解しよう」と思っているのであれば、この方法には何の不都合もないはずです。ぜひ、マニュアルにしてください。

ただし、上の手順をマニュアル化しても、事故が起きたときに実践できないのでは意味がありません。責任者がふだんから、「大変な事故が起きても、隠す必要はない」「自分の見たこと、したことをきちんと記録しよう」と口にしていれば、職員は深刻な事故が起こったときも見たまま、聞いたままを書くことができるでしょう。また、ふだんからヒヤリハットや事故の情報を記録し、共有することを責任者が積極的に勧めていたら、いざという時にも戸惑わずに書けるでしょう。

反対に、園の責任者やリーダーの人たちがふだんから都合の悪いことを隠す態度をとったり、ヒヤリハットや事故の情報を軽く扱ったりしていたら、職員も同じように感じてしまうかもしれません。そして、少しでも「隠そう」「都合が悪いことは言わないでおこう」と思っていると、つい嘘をつくことになります。嘘はつかないまでも、大事な情報を言わない（書かない）ということも起こりえます。

「皆で口裏を合わせておけば、都合の悪いことは隠せる」と思っている方もいるかもしれません。実際には、「嘘をつき続けているのはつらい」「本当のことを話したい」という人が出てきて、警察などに話すこともあります。内部告発も起こります。人間には良心があり、「本当のことを話したい」と思う気持ちがあるからです。嘘や隠ぺいが明らかになったら、園がこうむるダメージはとても大きくなります。

言うまでもありませんが、嘘や隠ぺい、証拠を隠すことそれ自体が「罪証隠滅」という形で責任を問われることもあります。事故そのものの責任ではなく、証拠を隠したという罪です。そもそも、口裏合わせや嘘は事実と異なるわけですから、突き詰めていけば必ずほころびが出てきます。

たとえば、園長や責任者の思い込みで「(この事故は)こういうことだったのだろう」と説明するケースや、「誰も見ていなかったのだから、わからないだろう」と嘘をついたり作り話をしたりする、というケースも実際あります。けれども今は、物的な証拠や死体の状態などからいろいろな客観的事実がわかるようになってきており、結局、「話している内容が事実と合わない」「供述が嘘だった」と明らかになることもしばしば起きています。「嘘をついてもわからないだろう」は、科学の進歩とともに通用しなくなってきているのです。

(5) 他の保護者、近隣などに説明する役割

他の子どもの保護者や近隣の人たちが「どうしたのだろう」と思って、尋ねてくることがあります。場合によっては、新聞社やテレビ局が来るかもしれません。そういったときの基本的な対応は、次のとおりです。マニュアルで決まった担当職員が一貫して担うべきですが、尋ねられたら他の職員も同じように答えましょう。

第1章　深刻事故が起きたとき——緊急時対応

他の保護者に対して

「本日の○時○分ごろ、私たちの園の○歳児が〜しました。病院に搬送され、園の○○も同行しています。くわしい状況などについては、今日の保育が終了したら、職員一人ひとりに書き出させて事実を把握するとともに、明日以降の保育の体制を再点検します（明日も保育は実施します）。はっきりしたことがわかりましたら、あらためてお伝えいたします。」

近隣の人や、マスコミに対して

「本日の○時○分ごろ、私たちの園の園児が〜しました。病院に搬送され、園の○○も同行しています。原因については現在、調査中です。再発防止についてもこれから検討します。申し訳ありませんが、今はこれ以上お話しできません。」

　このときの「園児が〜しました」の部分は、たとえば「園児が食事中に、息のできない状態になりました」「園児がアレルギーと思われる症状を起こしました」「園児が固定遊具から落ちました」「園児がプールの中で、心肺停止の状態でみつかりました」などの事実です。ここで、担当者の想像や思い込みを話してはいけません。あくまでも、「起きたこと」「今わかっていること」に徹してください。

　「職員が目を離したのですか」「先生は何をしていたのですか」「園の責任ですか」といった質問を受けることもあるかもしれません。「ちゃんと見ていたと思います」「子どもが〜だったので」と言いたい気持ちもあるでしょうし、あるいは問い詰められて「何か答えなければ」とプレッシャーを感じるかもしれません。けれども、わかっていないことや勝手な思い込みをもとに話をした場合、（事故自体ではなく、思い込みなどで話すことが）後で深刻な結果につながることもあります。「責任については、今、私たちがお話しできることではありません。現在、調査中です（これから調査します）」と言明を避けましょう。自治体の関係部署に報告するときも同じです。

22

内部で事実を収集する一方で、外に情報を発表することも事故後の取り組みの柱になります。あるべき姿としては、顧問弁護士のような立場の人が出て、「事実は〜だと認識しています。それについて法的責任があるかどうかは、現時点ではわからないので後にゆだねます。保育については、明日からは〜という態勢で進めます」とすぐに発表することです。それができなければ、わかっている事実と今後の対応、今後の保育についてのみ、対応の責任者がきちんと話すことです。ここで基本となるのは、対応の責任者を一本化しておくことです。

　事故が起きた後、「聞かれても困る」「わからない」という気持ちで、園の管理者がマスコミの取材などを拒否してしまうケースもあります。しかし、保育は公益性の高い事業ですから、取材拒否をすればそれだけで「何か隠している」と思われかねません。そうではなく、わかっている事実はきちんと話し、わからないことは「今の時点ではわかりません」とはっきり言いましょう。わからない点については「わかりません」の一点張りではなく、「わかったらお話しします」と伝えることも大切です。

(6)　臨時職員会議を行い、翌日以降の保育体制の応急点検を行う

　事故当日、預かっている園児が降園したら、臨時職員会議で、それぞれが自分の記憶を書き出したメモをもとに、事実を確認していき、おおむねどういう経過で、何が起こったのかを職員で共有します。そのうえで、事故に遭った子どもを除き同じメンバーで次の日から保育を行う以上、当面の応急対策として、翌日からの保育体制を見直しましょう。この確認をすることが、職員がショックを乗り越えて、翌日からも出勤してくるための心の支えとなります。

〈注〉
* たとえば、下記の参考事案。
  ① 市立保育園において、当時5歳の園児が体調不良となり、嘔吐を繰り返し、軽度の痙攣発作を起こすなどの異常な症状を呈していたから、同園の保母らにおいて、保護者に連絡するだけでなく、然るべき医療機関に連絡してその指示を仰ぐべき義務があり、これを怠ったとして、保母らの安全配慮義務違反を認めた上で、因果関係については、治療の遅れと知的障害の悪化との間の因果関係を否定し、手の運動障害が相当期間残存したことに対する慰謝料及び最善の医療的処置を受ける機会を喪失したことに対する慰謝料（並びに弁護士費用）のみを認めた事案。（岡山地方裁判所平成18年4月13日判決）
  ② 公立小学校の6年生の授業中に児童Aが手に持って振った鉛筆が児童Bの左眼に刺さった事故について、救急車の出動を要請せず、教頭の自家用車で被害児童を総合病院へ搬送したことにつき、転送先病院への搬送が遅れたとして過失責任を問われたが、教頭が左眼を観察したものの傷を認識できなかったこと、総合病院に電話し医師より指示を受けて自家用車でしたことから、過失責任は否定された事例（千葉地方裁判所平成24年11月16日判決）

※事案①のあらましは次ページ参照。

【参考】　前ページの事案①のあらまし

〔裁判所が認定した事故の経緯〕
○A児（5歳）は、平成8年5月16日午後1時20分ころ、午睡中、突然、口を押さえて布団の上に座り、自分で立ち、担任のB保母に付き添われて、嘔吐しながら便所に行き、汚物槽でも吐いた。午睡室へ戻る途中、再び吐き気を催し、便所に行き汚物槽で吐き、排尿したが、B保母と午睡室に戻る途中、その入口で、ふらついて倒れた。B保母は、原告を支えて午睡室に入り、布団に寝かせ、その間に、言葉かけをしたが、反応が鈍かったため、上席保母のCに報告した（園長と主任は不在）。呼びかけに対する反応が鈍く、眠たそうにしており、いつもと様子が違うため、B保母は、午後1時40分ころ、母にA児が、嘔吐し、ふらついていつもと様子が違うので迎えに来てくれるよう電話連絡した。
○母は、上記電話の内容から、切迫したものでないと判断し、仕事が一段落してから、午後3時ころ迎えに行くと答えた。
○その間、C保母、D保母、E保母、F保母、G保母らが、A児を側臥位にして背中をさすったり、名前を呼びかけたり、言葉かけをしていたが、A児は眠そうにし、小さな声で答え、入眠しかけたが、咳き込んで一口大の嘔吐をした。体温は35.8℃であり、顔色は青白く、唇は赤く見えた。そのうち、反応は段々鈍くなり、左手の中指がやや硬直し、折り込んだ状態で指先に軽く震えが見られ、瞼がわずかに開いた状態で、両方の眼球がわずかに左右に動き、左方向に寄ったりし、口元が引きつった。引きつけが治まると唇に赤みがさした。G保母は、軽い引きつけ発作であると判断し、C、D、B保母らにこれを告げた。
○B保母は、午後2時前ころ、再度、母に、熱はないが反応がいつもと違うのですぐに迎えに来るよう電話連絡し、これに対し、母は直ちに迎えに行く旨答えた。その間に、A児は眼球がわずかに左右に動き、手の中指を折っており、手のひらに保母が指を入れると握り返した。左手指先に軽く震えがあり、口元が引きつり、顔色がさらに蒼白になり、時々身体がピクッと動き、声かけしても返事がなく、咳き込み、唾を吐いた。心臓の鼓動が異常に速い状態となった。G保母は、2度目の軽い引きつけであると判断し、C保母、D保母らにこれを告げ、確認した。B保母は、書籍で小児の脈拍数を調べた上、原告の脈拍をとると、30秒間で60～66回であった。A児は、午後2時ころ午睡室から事務室のベッドに移動されたが、寝入っているように見えた。
○午後2時25分ころ、母が保育園に自家用車で到着し、A児の名前を呼びかけたところ、A児は目を閉じたまま、涙を一筋流した。母は保母らから経過説明を受け、かかりつけ医師であるクリニックに電話連絡したが、医師は不在で、在院の看護婦から連絡をとってもらった結果、同医院では当日は診察できない旨回答があった。
○母は、自己の運転車両に原告を乗せて病院に搬入すると言ったところ、G保母らは、

第1章　深刻事故が起きたとき──緊急時対応

それでは事故の危険があると言って、説得し、午後2時50分ころ、B保母が119番通報して救急車を呼んだ。救急車の到着を待っているころには、原告にはチアノーゼが生じており、顔色は土色になり、声をかけても反応がなくなっていた。
○午後3時に救急車が到着し、母、B保母らが同乗して、A児を病院に救急搬送した。その間、酸素吸入が施行された。
○午後3時8分、A児は、病院の救急外来に搬入されたが、左上下肢に痙攣があり、対光反応なく、呼吸停止し、呼びかけに反応しない意識混濁、昏睡状態にあり、直ちに気管内挿管を受けた。
○A児は同年6月5日退院した。最終診断名は、「痙攣重積症（90分間）、呼吸停止、気管支喘息、肺炎（誤飲性）」であった。

〔園運営者の安全配慮義務違反の有無に関する裁判所判断〕
○A児は、午後1時55分ころから約90分間にわたって痙攣重積の状態にあったものであり、午後1時45分～50分ころ、1度目の痙攣発作が確認され、間欠期において傾眠状態にあり、さらに10分もたたない午後1時55分ころに2度目の痙攣発作があり、その後も昏睡状態が続いており、救急車を待機中の午後3時前には既にチアノーゼ状態にあり、救急搬出時には呼吸停止状態に至っていたものといえる。
○上記2度の痙攣発作は、その徴候が必ずしも際立ったものではなく、医師においてすらこれをにわかに痙攣重積に結びつけて考えることは困難な類いのものであって、医学的専門家でない保母らに対し、痙攣重積を予見してこれに対する適切な対処をなすべきことを期待することはできない。また、午睡時間であったことや、原告の日頃の反応が明確なものとはいえなかったことから、原告が傾眠状態にあるのを眠そうにしているものと誤認したこともやむを得ないものと言わざるを得ない。
○他方、保母らにおいて、原告が嘔吐を反復し、少なくとも軽度の痙攣発作を2度にわたって起こし、呼びかけに対する反応も平素とは違う異常な状態にあることは確認できたのであるから、保護者である母に連絡するにとどまるのではなく、嘱託医等のしかるべき医療機関に連絡してその指示を仰ぐべき保母としての義務を怠ったことは否定できず、その結果、早期に、原告を救急治療する機会を喪失したものというべきである。
○上記の点で、被告（園の運営者）には安全配慮義務違反があるといわざるを得ない。
○原告（A児）には、被告において安全配慮義務を尽くし、早期に救急治療を受ける機会を得ておれば、現在のような状況には至っていなかったかも知れないと両親ともども残念な想いが残ることは否めず、被告の安全配慮義務違反によって、最善の医学的処置を受ける機会を喪失する結果となり、これによって精神的苦痛を被っているものと認定できる。

＊岡山地方裁判所平成18年4月13日判決〔平成15（ワ）1185〕より抜粋。固有名詞はアルファベットに置き換え。また読みやすくなるよう、多少の表記修正、箇条書き・段落変え等の体裁修正、省略、説明のための括弧書き追加などを行っています。
＊なお、「呼吸停止、痙攣重積症の治療が遅れたことによって、原告の知能障害が悪化したものとも認め難い」として、知能障害または知能障害の悪化との因果関係は否定しています。

「記憶をすぐに、一人で書く」理由
——心理学の知見から

掛札逸美（心理学博士、NPO法人保育の安全研究・教育センター代表）

■「すぐに書く」わけ

　深刻な事故が起きた直後、園にいたすべての職員（園外活動中であれば、その場にいた職員だけでなく園で留守を預かっている職員も）が、すぐに、事故に関連して自分自身が「見たこと」「聞いたこと」「したこと」「言ったこと」などを思い出せる限りすべて書き出すことは、非常に重要です。「そんなことをしているヒマなんかない！」ではありません。文字どおりすぐに、一人ひとりが書き出しをしてください。

　なぜかというと、人間の記憶はできごとが起きた直後から変成を始めるからです。事故直後に他の職員と話した内容、園長が言った言葉、自分の感情、さまざまな要素が記憶を変成させます。これは40年近い心理学の実験から明らかになっており、脳科学もそれを裏打ちし始めています。

■記憶は、上書きされていく

　心理学には、「誤った情報の効果（misinformation effect）」という研究分野があります。この分野の第一人者エリザベス・ロフタス博士（現在はカリフォルニア大学アーヴァイン校教授）は、1970年初頭から20年以上にわたり200以上の実験を実施、後からされた質問や見聞きした情報

によって人間の記憶がいかに簡単に歪むかを示してきました。その後、ロフタス教授は「実際には起きていないできごとの記憶」を人間の心に植えつける可能性を示唆する実験もしてきました。人間の記憶は、私たちが思うほど確固たるものではないのです。

　たとえば、ロフタス教授らの初期の実験（1974年）では、被験者に自動車同士の衝突事故のフィルム（１分弱）を見せました。その後、被験者は５つの質問のうちどれかを受けます。たとえば、①「車がぶつかった（hit）ときの速度はどのくらいでしたか？」、または、②「車が激突した（smashed into）ときの速度はどのくらいでしたか？」といった質問です（実際の実験では、ぶつかり方の印象の度合いが異なるsmashed〔強〕、collided、bumped、hit、contacted〔弱〕の５つが使用されました）。すると、②「激突」の質問を受けた被験者は、①「ぶつかる」の質問を受けた被験者よりも統計学的に有意に（偶然以上の確率で）速い衝突速度を答えたのです。「激突した」「ぶつかった」という質問の言葉から受ける印象の違いだけで、被験者の認知と記憶が変わることを示しています。

　さらに、この実験で「激突したときの」「ぶつかったときの」という質問を受けた被験者は、実験から１週間後、「以前見たフィルムの中で、あなたは割れたガラスを見ましたか？」という新しい質問を受けました。すると、「激突したときの」と尋ねられた被験者の32％が「割れたガラスを見た」と答えたのに対し、「ぶつかったときの」と尋ねられた被験者で「見た」と答えた人は７％だけでした（両者の割合の差も統計学的に有意。また、「ぶつかったときの」と尋ねられた被験者の中で「割れたガラスを見た」と答えた人は「見なかった」と答えた人よりも、フィルムを見た直後、衝突速度を高く答えていました）。

　実際のフィルムに割れたガラスはいっさい映っていません。つまり、

「激突したときの」という質問にこめられた意味合いから、車の衝突速度は速かった、そして、その結果ガラスが割れた、という記憶を被験者はつくったことになります。

一方、脳科学の学術誌 The Journal of Neuroscience（2014年2月5日号）に掲載された研究結果によると、記憶を書き換える過程は大脳辺縁系の海馬の特定の場所で起きているようです。実験によると、この場所は記憶を維持する一方で、目先の必要に合わせて記憶を更新するという、一見対立する2つの働きを担っていました。「変わっていくようにできているのが、記憶のもともとの機能のようだ。その時々に重要なことに合わせて記憶も適応していくようにできている」と実験を行った米国ノースウェスタン大学のドナ・ブリッジ博士はインタビューで話しています。

確かに、友人の顔の記憶が最初に出会った20年前のままでは、今の顔を認識するのに苦労するでしょうし、子どもが一度ケガをした場所を「ここだけが危ない」と記憶していたのでは、応用が効きません。記憶が「その時々の必要性」に合わせて更新されていくのは当然でしょうけれども、その柔軟性は記憶の歪みにもつながります。ロフタス教授のグループが続けてきた実験に、脳科学の分野から裏付けが生まれてきたことになります。

■記録は、園が口裏合わせやねつ造をしていないことの表明

よく「誘導尋問」という言葉が使われますが、「誤った情報の効果」に関するさまざまな実験の結果は、誘導尋問どころではなく、質問に使われるたったひとつの言葉の違いだけでも、人間の記憶が異なった形で歪むことを示しています。ですから、園で深刻事故が起きたとき

も誰かが職員に聞き取りをするのではなく、一人ひとりが自分の記憶を自分で書き出すことが必須になります。聞き取りをすれば、質問や確認のしかたによって話す側の記憶は変成し、それが「新しい記憶（偽りの事実）」として話し手の心の中に置き換えられてしまうからです。

　そして、「事故が起きたらすぐに書く」ことが重要だという点も、記憶の変成メカニズムからおわかりいただけるでしょう。事故後、他の職員と話したり、現場を何度も見たり、いろいろなことを考えたりすれば、間違いなく記憶は変わります。そして、事実はどんどんわからなくなっていきます。人間の記憶はもともと決して正確ではありませんから、事故の直後に一人ひとりが記録をしても「揺るぎないひとつの事実」を浮かび上がらせることは容易ではないでしょう。けれども、一人ひとりが記録をしなかったら、記憶はすぐに歪み、上書きされます。起きた事実を明らかにする作業は、一人ひとりが記録をしたとき以上に困難になります。

　言うまでもありませんが、「事故後すぐに」を徹底し、書いたものをすぐにすべて行政の担当部署などの第三者機関に送ることは、「園は口裏合わせやねつ造をいっさいしていない」という態度を公的に示すことにもなります。

〈参照文献〉
・Loftus, E.F., & Palmer, J.C. (1974). Reconstruction of automobile destruction: An example of the interaction between language and memory. *Journal of Verbal Learning and Verbal Behavior*, 13, 585-589.
・Bridge, D.J., & Voss, J.L. (2014). Hippocampal binding of novel information with dominant memory traces can support both memory stability and change. *Journal of Neuroscience*, 34, 2203-2213.

3 園での対応
―― 事故後の対応、再発防止、そして、保護者とのかかわりの重要性

寺町東子（弁護士・社会福祉士）

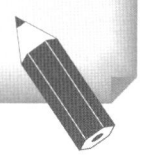

●事故後の対応の重要性

　遺族側の弁護士として子どもの事故事例に取り組んでいると、事故が起きてから後の園側の対応にも課題があることが見えてきます。そしてそれが、遺族側と園側双方の話し合いを困難にしている部分もあると思います。

　たとえば、遺族は事故当初、もちろん混乱していますから、園側が訪ねていっても「帰ってくれ」「会いたくない」「連絡をしてくるな」と面会を拒否する場合があります。そうすると、そこで本当に接触を絶ってしまう園があります。「遺族が『会いたくない』と言っているのだから」と真に受けているだけで、必ずしも悪気があるわけではないのかもしれませんが、遺族に連絡しない一方で、他の保護者などに説明会を開いていれば、「なんで、自分たち遺族を置き去りにしているんだ」「自分たちを無視して、勝手な言い分ばかり言っている」と怒りを買うことになります。

ですから、遺族から拒否されたとしても「いつでもお話ししますから、お心が落ち着いたらご連絡ください」と伝えましょう。遺族が出席しない場所で他の保護者やマスコミに説明するのであれば、「こういう説明をしました」と遺族にも手紙を送っておき、「ご都合のよいときに、いつでも説明しにあがります」と念を押しておく。つまり、遺族にだけ情報が行かない状態は絶対につくらないことが重要です。

　遺族は、「**何があったのか知りたい**」「子どものこと、事故のことを忘れないでほしい」という強い思いを持っています。遺族の言動は時として一見、こういった思いには反しているように見えるかもしれません。しかし、思いは共通しています。遺族の気持ちになって、「今、私（たち）がこの行動をしたら／これを言ったら、○○さんはどう感じるか」と考えれば、園側がどんな行動をとればよいかはおのずとわかるはずです。

●「何が起きたのか知りたい」という声に応える

　今の制度のもとでは、子どもの事故後に「何が起きたのかを知りたい」と遺族が思った場合、刑事告訴して、刑事事件として立件してもらうしかありません。刑事事件以外の形（例：民事訴訟、第三者調査委員会など）では、警察が集めた証拠は遺族にすら開示されないからです。刑事事件になっても、裁判は刑事責任を明らかにする限度でしか事実を明らかにしません。ですから、刑事事件にしたからといって、「何が子どもに起きたのかを知りたい」という遺族の気持ちを満足させうる結果になるとは限らないのが現状です。

　このようなシステムが背景にあるために、今、保育園や幼稚園、学校などで子どもの死亡事故が起こると、保育課や教育委員会、運営者

3 園での対応——事故後の対応、再発防止、そして、保護者とのかかわりの重要性

（社会福祉法人、宗教法人、企業など）は、「対応に過失があったとは思わない」「予見可能性はなかった」「今回のケースはきわめて例外的なこと」と言い続け、裁判に負けるまでは何もしない傾向にあります。この態度でいたのでは、遺族の怒りや不信感が増すのは当然のことです。

ひるがえって、深刻な事故が起きたとき、起きそうだと考えられるときの「良い企業の対応」を考えてみてください。起きた事故について法的責任の有無にかかわらず、「良い企業」は製品やサービスを改善します。あるいは、「こういう深刻な事象が起こりうるから（予見可能性）」という理由で、製品をリコールしたりもします。製品やサービスを改善したからといって、事故の責任を認めることにはならないわけですから、企業の責任として「次に起こるかもしれない深刻な事象」を防ごうとする。そのような対応をしている企業は、ご存じのようにたくさんあります。良い企業は、起きた事象や起きそうな事象、消費者からの意見や苦情から学んで、問題に気づいていきます。

そう考えると、保育園や幼稚園、学校も「自分たちはどうだろうか」と今、きちんと振り返るべきではないかと思います。事故が起きたということは、結果から見れば、そこになんらかの「穴」があったことになります。ところが、園側にはそもそも問題意識がないために「穴」があったことに気づかない。そもそも「穴」に気づこうとする気持ちもない。だから、「予見可能性はなかった」「対応に問題はなかった」という言葉が出て、死亡事故の遺族や傷害事故の保護者に説明するときも「自分たちの説明で十分だ」と思ってしまう。施設側の説明不足から生じている遺族や保護者の不満を、「理不尽だ」「クレームだ」とすら感じてしまう。事故後の対応を難しくするだけでなく、その後の事故予防対策も不可能にする悪循環を、園側が自分でつくっていることになるのです。

遺族や保護者は、「説明が十分ではないから」「納得がいかないから」聞いてくるわけです。ですから、質問が来たら常にきちんと向き合ってください。それは、深刻な事故の後だけに限りません。どんなときもそうです。保護者の問いや意見に応えることが気づきになり、勉強になります。それは、園が気づいていなかった「穴」に気づくことかもしれませんし、「穴」に気づいてこなかった自分たちの問題意識の低さに気づくことかもしれません。遺族や保護者の問いや意見にこれまできちんと応えてこなかった、その事実に気づくことかもしれません。いずれにしても、質問をされるということは「教えていただいている」ということです。

私自身の座右の銘でもあるのですが、「虚心坦懐」でいることが、深刻な事故を予防するうえでも、事故後の対応でももっとも大切なのではないかと思います。

●日ごろから、ていねいなコミュニケーションを重ねることの大切さ

前項で、保護者からの問いや意見にきちんと応えると書きましたが、こうしたていねいなコミュニケーションを日常から積み重ねていくことは、とても重要です。事故が起きたときの保護者の反応や行動は、ケガなどの結果の重さにもよりますが、園や保育者とのそれまでの関係によっても大きく変わってくるからです。

まず、ケガが軽く、親も日ごろから園（保育者）を信頼している場合。これは順当に解決します。たとえば、園庭で転んであごを擦りむいたとき、「ごめんなさい。よく洗って止血しておきました」と言われたら、園（保育者）を信頼している保護者は、「いえ、先生が謝ることではあ

3　園での対応──事故後の対応、再発防止、そして、保護者とのかかわりの重要性

りません。かえってご迷惑をおかけしてしまって、ごめんなさい」と言うでしょう。

　次に、ケガは今と同じように軽くても、保護者がふだんから園（保育者）に不信感を持っている場合。「先生は、子どもたちをきちんとみてくれていない」と保護者が感じていたら、軽いケガであっても弁護士に相談が来るケースもあります。これは、ケガ自体が問題なのではなく、ふだんのコミュニケーション、信頼関係に問題がある場合です。その部分を園がしっかり把握せずに「クレーマーだ」と決めつけてしまったら、軽いケガであってもトラブルは悪化しますし、園側も自分たちの問題に気づくことができません。

　続く3番目は、深刻な結果が子どもに起きても、日ごろの信頼関係ゆえにトラブルにはならない場合です。これは実際にあったケースです。子どもが園庭を抜け出し、隣の公園に行って池に落ち、低酸素性脳症による脳性マヒが残りました。子どもが退院した後、保護者の方は同じ保育園にまた保育をお願いしたのです。

　その園は共同保育所から認可保育所に移行し、保護者も運営にかかわっている園でした。私は園長先生に「親御さんはなぜ、もう一度こちらにお願いしたのだと思いますか？」と尋ねました。園長先生は、「日ごろから、保育の内容を話し合い、ニア・ミスが起きたときには原因を皆でオープンに話し合って改善して、『もう一回、きちんとやり直していきます』と保護者にも返す。それを日々、積み重ねてきました。『まったく知らない他の園に預けるよりは、この園なら先生のことを信頼できるから』ということで、もう一度預けていただいたと思っています」とおっしゃっていました。

　それまでは私自身、結果が深刻な場合、信頼関係の再構築は難しいのではないかと思っていました。ふだんから園、保育者、保護者がお

35

互いの信頼関係をつくっていくことがいかに大事か、つくづく感じたケースです。

　そして、最後の４つ目は、保護者が園（保育者）に対して日ごろから不信感を抱いているところに、深刻な事故が起きた場合。このような場合は、保護者の不信に上乗せする形で先に述べたような「ボタンのかけ違い」が次から次へと起き、結果的に刑事責任、民事責任、行政責任すべてについて問われることにもなってしまいます。

　このように、日常の信頼関係は事故が起きたときに大きく影響するのだと理解してふだんからコミュニケーションを密にしていく、そして、事故が起きたときには、真の意味で「保護者の立場に立って」対応していくことが不可欠でしょう。

特別コラム
クライシス・コミュニケーション

宇於崎裕美

"円滑"なコミュニケーションとビジネスを実現するコンサルティング会社、有限会社エンカツ社代表取締役社長。横浜国立大学工学部安全工学科卒。国内外の官庁、企業、大学等においてリスク＆クライシス・コミュニケーションに関する講義やトレーニングを実施。大学教職員と保護者の間のコミュニケーション問題についてのコンサルテーションも経験。失敗学会、安全工学会、広報学会会員。日本リスクマネジャー＆コンサルタント協会認定上級リスクコンサルタント。総合安全工学研究所参与。
〔著書〕『不祥事が起こってしまった！──企業ブランド価値を守るクライシス・コミュニケーション』（経営書院、2007）、『クライシス・コミュニケーションの考え方、その理論と実践』（経営書院、2011）、『人と組織の心理から読み解くリスク・コミュニケーション』（共著、日本規格協会、2012）、『安全を支える組織力』（組織行動研究会著〔出版委員として寄稿〕、海文堂、2013）。

　クライシス・コミュニケーションは、組織が危機的状況に陥ったとき、その組織がさまざまな関係者との間で行うコミュニケーション全般を指します。災害発生時、自治体や企業などが市民に災害状況と安全に関する情報を提供していくことも含まれます。よく耳にするリスク・コミュニケーション*とは本来は別物ですが、どちらもリスク・マネジメントの一環です。
　たとえて言うと、リスク・コミュニケーションは予防医療のようなもので、クライシス・コミュニケーションは救命救急医療のようなものです。つまり、急病あるいは事故・事件・災害の"前"か"後"かの違いです。急病人が出るかもしれないからふだんから気をつけましょう、いざというときはこうしましょうね、と情報交換したり啓発活動したりするのがリスク・コミュニケーションです。一方、ケガ人が出たり、事故が起きたりし

第1章　深刻事故が起きたとき──緊急時対応

　て一刻も早くなんとかしなくてはならない、もたもたしていると助からないかもしれない、というような緊急事態発生時に求められるのがクライシス・コミュニケーションです。
　起きてしまった事故・事件あるいは災害の大きさや内容にかかわらず、クライシス・コミュニケーションがうまくいかないと、組織は苦境に追い込まれます。民間企業の場合、倒産することもあります。マスコミや消費者に対し、事故について正確な説明ができず、悪いうわさが広まって、その結果、会社再建がうまくいかなかったケースは数え切れません。記者会見で不適切な発言をしたことにより世間の反感を買い、辞任に追い込まれた社長や自治体首長についてのニュースも跡を絶ちません。
　保育施設における事故後のクライシス・コミュニケーションは、マスコミ対応の前に、まずは「保護者対応」が中心になるでしょう。死亡事故などの場合、保護者とのクライシス・コミュニケーションは非常に大切です。この場合、なんとか言いふくめて保護者を黙らせることが目的ではありません。目指すべきは、保護者と園関係者が密にコミュニケーションを行い、事実についてできるだけ共通の認識を持ち、共にグリーフ（悲しみ）のプロセスへ進んでいくことです。
　死亡事故などでクライシス・コミュニケーションに失敗すると、保護者側は悲しみではなく（あるいは悲しみに加えて）、園関係者に対する怒りや憎しみを感じるようになります。このような状態では、事態の収束を遅らせるだけでなく、保護者側の心が癒されることも困難になってしまいます。中には、自分たちが園に対して簡単に理解を示したり許したりすると、亡くなった子に対して申し訳ないという罪悪感を抱く保護者も存在するようです。最悪の場合、園関係者への報復感情が芽生え、法的に勝ち目はないとわかっていても無理に裁判に持ち込むことすら起こりえます。そうなってしまうと不毛な闘いが続き、園関係者も保護者も、肉体的、精神的、そして金銭的にもひたすら消耗するだけです。

〔特別コラム〕クライシス・コミュニケーション

　このコラムでは、子どもの死亡など深刻なできごとが保育施設で起きた場合のクライシス・コミュニケーションの要点について説明します。

最初が肝心、すぐに行動

　クライシス・コミュニケーションの成否は初動で決まります。子どもが亡くなった直後、保護者との最初の対面でボタンのかけ違いが生じてしまうと、保護者との関係修復は非常に難しくなります。日常の小さなケガやもめ事なら、両者が冷静になったときに心を尽くして説明し直すことで関係は改善するかもしれませんが、死亡事故のような事態では、一度こじれてしまった関係を冷静に考え直すということはほとんど不可能です。

　また、事故直後に保護者との関係構築を一から始めるというのも無理な話で、ふだんから保護者との間で信頼関係を築いておくことが必要です。事故が起きる前から、園のトップや管理者と、保護者の間で危険性についてのリスク・コミュニケーションを行っておくことが重要です。事故が発生して初めて、園のトップが保護者に対面するようでは遅いのです。園の管理者と保護者との接点がふだんからほとんどなく、もともと信頼関係ができていなかったとしたら、クライシス発生時の初動コミュニケーションがうまくいかないのは当然です。

　クライシス・コミュニケーションは、事故などの危機の直後、すぐに自主的かつ能動的に行わなくてはなりません。「ひとまず様子を見よう」「保護者が何か言ってくるまで待とう」「状況がすべてわかってから説明すればいい」という考えは甘いです。すぐに対応しなければ、「何をしているの？」「どうして園の責任者が説明に来ないの？」という不信感が保護者の側に生まれます。

　"先手必勝"、それがクライシス・コミュニケーションを成功に導くための鉄則です。たとえ、状況のすべてが把握できていなくても、まずは異常事態が発生したことを保護者に知らせるべきです。いざというとき、即座に行動するためには、ふだんから起こりうる危機にあわせた準備とトレー

ニングが必要です。

「長」が前に出る

　クライシス・コミュニケーションでは、理事長、園長など、組織のトップが最初から先頭に立って、保護者とのコミュニケーションにあたります。相手に対し「責任者がきちんと対応をしている」というメッセージを発信するためです。「事故を起こした当人である担任に任せておけばよい」というのは間違いです。なぜなら、理事長、園長など組織のトップには、部下である担任の監督責任があるからです。

　トップが最初から出ていかず、保護者の働きかけにも応じなかったために、問題が大きくなったケースはいくつもあります。私の知っている例で、子どもの死亡に関して保護者がトップに宛てて原因究明を求める手紙を出したのに、トップは対応を部下に任せ、自分では半年間、何も返事をしていなかったというケースがありました。その間、現場の複数の担当者が保護者に接していたのですが、保護者はトップに無視された、侮辱されたと思い込んでしまい、事態はこじれにこじれてしまいました。

素直になる

　問題が起きたときに口頭で謝罪をしてしまったら、過失責任を認めたことになってしまい、後々、裁判で負けるのではないかと心配している人はたくさんいると思います。しかし、これは杞憂です。口頭で謝っても法的にすべての責任を認めたことにはなりません**。

　もし、「親御さんや家族の皆さんに悲しい思いをさせてしまったこと」に対して申し訳ないと思うのなら、その気持ちを隠さなくていいのです。亡くなった子どもがかわいそうだと感じるのなら、その気持ちを素直に表現していいのです。人間らしい気持ちを無理に押し殺さなくても大丈夫です。思わず涙を流して謝罪の言葉を口にしてしまったとしても、その行為

自体が法的に「過失責任を認めた」とはみなされません。むしろ、事故直後に保護者に対し園関係者が血の通った反応を示したことで、その後、保護者との関係が好転するケースは多いようです。

　ただし、早々に「事故原因は私たちの落ち度です。どんな責任でもとります」などと、過失責任を安易に認めてしまうのはよくありません。そんなことを言ってしまうと、「悪いのはあなた方だったのね」との先入観が入り込み、原因究明調査の妨げになるかもしれません。いずれにせよ、客観的に事故の原因を調べ責任の所在を決めるのは当事者でありません。この点は、調査委員会等の専門家に任せましょう。

　原因がはっきりしない段階では、「なぜこんなことになってしまったのか、私たちにもわかりません」と、わからないことはわからないとはっきり伝えてください。そのうえで、「でも、親御さんの悲しみは痛いほどわかります。つらい思いをさせてしまって、申し訳ありません」と相手の悲しみに寄り添うようにしてください。

　「謝ったら、保護者に負ける」という気持ちがあるのなら、それは捨てましょう。クライシス・コミュニケーションは勝負ではありません。「これが自分の子どもだったら？」「もし、自分の子どもが死んだとしたら、自分はどう思う？」……、理事長、園長、保育者がそう思って行動してください。保護者の立場に立った同情や謝罪が、問題をこじらせることはありません。一方で、「ここで同情したらつけこまれる」「冷静でいなければ負け」と、冷たい態度をとったら、それだけで保護者の怒りを買います。ましてや、自分たちの責任回避のために、子どもや保護者に落ち度があったかのようなことを口にしてはいけません。そういった「心ないひと言」が、保護者を傷つけ、彼らの態度を硬化させてしまいます。

余計なことは言わない

　人間は、問い詰められたり詰め寄られたりすると、つい反論したくなり

ます。ふだんからクライシス・コミュニケーションの準備とトレーニングをしておかないと、言ってはいけない言葉を口にしてしまいがちです。

　相手から感情的に責めたてられ、何を言ったらいいかわからないときは、何も言わないでおきましょう。「そうはおっしゃいましても」「それは私のせいではありません」などと、その場で反論しないでください。相手の怒りをあおるだけです。集団食中毒事故を起こした乳製品メーカーの社長が、押し寄せるマスコミ関係者に対して「そんなこと言ったって、私は寝ていないんだ！」と叫んでしまった有名なケースがあります。そのひと言のせいで会社は世間の反感を買い、倒産しかけました。

　まずは、相手の話を最後まで黙って聞きましょう。責任や事実関係についての説明のしかたは、本書の寺町弁護士のアドバイスを参考にしてください。けんか腰や自己防御的になって、こちらが相手を責めるような言葉を口にすれば、保護者との関係は壊れます。余計なことを言えば、揚げ足を取られる危険性も出てきます。おかしなことを言って事態を混乱させるより、何も言わないでいるほうがまだよいでしょう。

記者からの問い合わせがあれば応じる

　死亡事故が起きたとき、警察発表や保護者からの通報により、地元の新聞社やテレビ局から問い合わせが来る場合があります。そのようなときは、おじけずに応対しましょう。このとき、個人情報の取り扱いには重々注意してください。子どもや保護者の名前、住所などの個人情報は明かす必要はありません。「お子さんと親御さんのプライバシーに配慮し、私たちからは公表しません」と、毅然とした態度をとってください。

　記者から聞かれることは、どんな事件・事故でも決まっていて、以下の４点に絞られます。

　① 何が起きたか（現状）
　② なぜ起きたか（原因）

③　今どうするのか（復旧対策、補償）
④　将来どうすればよいのか（再発防止策）

①の現状については、「何月何日何時何分、どこそこでこういう事故が起きました」ということを簡潔に伝えるにとどめてください。②の原因、③の補償、④の再発防止策については、おそらく、事故直後にはほとんどわからない、決まっていないという状況でしょう。そのようなときは、正直に「今のところ原因については不明です。現在、調査中です。補償や再発防止策についてはこれから検討します」としてけっこうです。もし、保護者との間で話し合いが進行している場合は、「現在、保護者との話し合いをしているところなので、私たちからお話しすることはできません」として、余計なことはいっさい言わないでおいてください。記者対応方法の詳細については、冒頭のプロフィールに示した拙著などを参照してください。

ポイントは、
1．マスコミから逃げ隠れしない
2．答えられないことやわからないことは正直にそのとおりに伝える
3．個人情報は漏らさない

ということだけです。また、マスコミや世間の人々の反感を買わないように、態度や姿勢にも気をつけなくてはなりません。つまり、

○保護者や行政などの悪口は言わない、他人のせいにしない
○言い訳をしない、保身に走らない

ということです。

いずれにせよ、マスコミ対応は慣れていないと非常にとまどうものです。日ごろから訓練をしていないとうまく対応できません。早めに広報コンサルタントなど、専門家の助けを借りたほうが安全です。

専門家の助けを借りる

組織のトップや管理職には、「なるべく自分でなんとかしなければいけ

第1章　深刻事故が起きたとき──緊急時対応

ない」という気持ちがあるでしょう。プロ意識が強ければ強いほど、「これは自分の責任だ」と思い、一人で抱え込んでしまうことがあるようです。けれども、クライシス・コミュニケーションは、本来、保育者の仕事ではありませんし、園長や理事長が得意とするところでもないでしょう。

　クライシス・コミュニケーションにはそれなりの技術が必要です。「がんばろう！」という精神論だけでは乗り切れないこともあります。経験を積んだ専門家の助けを借りたほうがうまくいきます。また、事故が起きたとき、当事者は気が動転して、客観的な判断ができなかったり、しがらみにとらわれてためらいが出たりということもあります。そんなとき、冷静な第三者にサポートを頼むことは賢い方法です。

　クライシス・コミュニケーションもリスク・コミュニケーションも、専門家によるコンサルティングのもとでトレーニングを受けないとうまくできない「特別なコミュニケーション」です。日本でも最近は、企業や官庁の幹部がトレーニングを受講したり、専門家のアドバイスを参考にしたりすることは珍しくありません。いまや保育施設でも検討する時期に来ていると思います。

*　リスク・コミュニケーションは、環境や製品、サービス、企業事業などに伴うリスク（危険）とリスク回避策について、関係者に前もって伝えたり、意見交換したりする作業。保育であれば、「子どもならではの危険」「子どもが集団で過ごすことから派生する危険」、および危険への対応策、事故・傷害予防策を事前に保護者に伝え、保護者の疑問に答え、意見交換すること。

**　訴訟社会ゆえに謝罪することを避けるといわれている米国であっても、"謝罪したことを後の訴訟で不利な証拠としない"とする通称「アイムソーリー法」が制定されている州があります。たとえば、交通事故の現場で、思わず「アイムソーリー」と口走ったほうを一方的に加害者と決め付けないということ。人間の素直な気持ちを尊重しようという動きの現れ。謝罪については、『人と組織の心理から読み解くリスク・コミュニケーション』などを参照してください。

第2章

「起きたこと」を
記録、検証することの大切さ
——システムづくりの提言

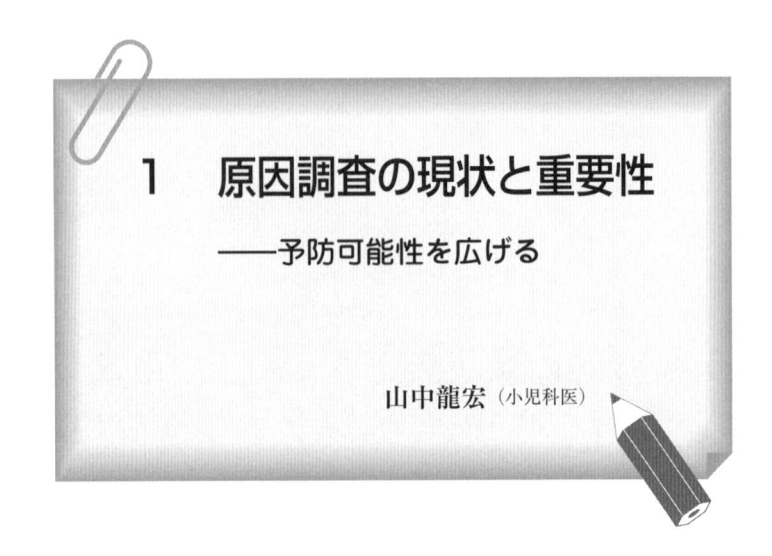

1 原因調査の現状と重要性
――予防可能性を広げる

山中龍宏（小児科医）

● 「予防できるはずの死亡」が毎年同じように起きている

　私は小児科医として、30年以上、子どもの事故予防、傷害（ケガ）予防に取り組んできました。その中で何度、「なぜ、また同じ事故が？」「なぜ、また同じような亡くなり方を？」と思ったことでしょうか。

　たとえば、自宅の庭で栽培されていたミニトマト（緑色のもの）を誤嚥して窒息で亡くなったお子さん（1歳11か月）を私が診たのは25年も前のことです。ミニトマトやブドウ、豆、アメのように丸いもの、白玉や餅のように噛み切りにくく、つるんと入ってしまうものは、誤嚥のリスクが高いことがわかっています（「他の食べ物は誤嚥しない」ということではありません）。誤嚥、窒息による子どもや高齢者の死亡も毎年、各地で起きています。ところが、ミニトマトを園庭で栽培している保育施設は今でもあるようですし、白玉や餅も保育施設で出されていると聞きます。

　製品や食品、遊具や玩具で、深刻事故や深刻になりかねないヒヤリ

ハットが何度も起こっているのであれば、その物になんらかの危なさ（ハザード）があることが示唆され、深刻事故の再発リスクが高いことはわかります。事故、特にくりかえす事故をきちんと分析すれば、その物のどの部分にハザードが存在するのか、どうすれば、そのハザードによる深刻な事故を予防できるのかを明らかにすることもできます。不慮の事故による子どもの死亡の中には、そのようにして予防可能なものがたくさんあるにもかかわらず、効果的な予防策がとられないまま、私が小児科医になった頃と同じ原因で、今も子どもが亡くなっているのです。

●「原因不明」だったものも予防可能に

　一方、子どもだけでなくヒトの死の中には、少なくとも現時点では予測も予防も容易ではないものが存在します。たとえば、SIDS（乳幼児突然死症候群）が起こる仕組みは、まだ完全には明らかになっていません。SIDSのリスクを持つ子どもを発見する方法も、まだありません。むろん、うつぶせ寝や家族の喫煙といったリスク要因を減らすことは、SIDSや窒息で亡くなる子どもを減らすことにつながり、呼吸が止まった子どもを早く見つけ、心肺蘇生を行うことで救命しうるケースもあります。けれども、救命できず、結局、原因が明らかではない形で亡くなる子どもも少なくありません。ヒトが突然死亡するのは、脳、心臓、肺のいずれかに異常が起こったということです。脳や心臓で突然起こる異常の中には、死後に解剖をしても理由のわからないものも多いのです。

　日本ではまだあまり知られていませんが、心臓振盪（Commotio cordis）という現象があります。野球などをしているときに子どもの

47

胸にボールが強く当たり、亡くなったというニュースを聞いたことがある方もいるでしょう。心臓振盪は、まったく健康な子どもに起こります。心臓の動き（心電図で見られる波形）の特定のタイミングのときにボールなどで胸を強打すると、不整脈が誘発され、心臓が止まってしまう——これが心臓振盪です。心臓振盪による死亡は、20年くらい前までは原因不明の突然死とされていましたが、原因が明らかになった今は、AEDで除細動すれば救命できます。また、野球など、心臓振盪のリスクが高いスポーツをする子どもは、胸部にパッドを入れることでリスクを下げることが可能です。

　つまり、現在は原因や機序（疾患が起こるプロセス）のわからない死亡であっても、将来、それが明らかになっていく可能性があり、予防につながっていく可能性がある。反面、ヒトの死の中にはいまだ原因もわからず、予測も予防も難しい、または予測も予防も不可能なものも必ずある、ということです。子どもに起こる死亡の中で、予防可能なものを増やしていく——そのためには、起きた死亡事例や深刻事例から学ぶことが必須です。

●「子どもの死＝犯罪を犯した」ではない

　保育施設等で子どもが死亡する、意識不明の状態で見つかるといったとき、園長や職員が口裏を合わせて嘘をつく、その場にあった物を隠すといった事態が起こることもあると聞きます。その背景には、「子どもの死＝自分たちが犯罪を犯した」という気持ちがあるのかもしれません。それは、正しくない認識です。

　「目を離すべきではないときに目を離した」「危険とわかっている子どもの行動を放置した」「救急通報が遅れた」などを過失と指摘され

ることもありますが、片時も目を離さないで保育することなど不可能です。もちろん、保育施設の職員に「この子を殺そう」という意図などまったくないでしょう。呼吸が止まっていることにある時間帯、気づかなかったことは過失であるかもしれませんが、現時点の医学では呼吸が止まった原因がわからない場合もあります（いわゆる「原因不明の突然死」）。

　まず、自分たちの過失であったかもしれない部分も含めて、「どこで、何が、どのように起きたか」を明確にすることが、次に起こる類似事例を防ぐためにも不可欠だという点をわかっていただきたいと思います。嘘をついたり、証拠を隠したりすれば、それ自体が「罪」となる場合もありうる点は、寺町弁護士が本書で指摘しているとおりですが、それ以上に、起きた事実を社会に知らしめて、ハザードに対する理解と予防策の検討に供さなければ、再び同じような事故が起こり、別の子どもの命が失われることになるのです。

　これは、日本社会全体にも言えることです。子どもの死亡事故が起きたときに、「不幸な例」「特別な例」と片づける、個人や施設の責任を追及するだけに終始する、何が原因であったかを科学的に考えることをしない。これでは、次に同じ死亡事故が起きるのは当然です。

●原因を調査し、予防可能性を検討することの重要性

　死亡などの深刻事例が起きたときに、保育施設が経緯を詳細に記録し、共有することはきわめて重要です。なぜなら、その記録がなければ、「なぜ、子どもが死に至ったか」が明らかにならないからです。

　「死亡原因は解剖すればわかるはず」と思われるかもしれません。しかし、死後、医学の観点から明らかにできることはきわめて限られ

ています。たとえば、子どもが水中で亡くなったときを考えると、
① 水が肺の中にたくさん入って呼吸できなくなって死亡したのか、
② 冷水が急に喉に入って喉頭けいれんを起こし、気道が閉塞されて窒息となり死亡したのか、
③ 心臓発作（不整脈）を起こして心停止し死亡したのか、
④ 脳に異常が生じて心臓が停止して死亡したのか、

このいずれであるかは解剖ではわかりません。解剖によって肺の中の水が確認されても、それは3つの事態（②〜④）のいずれかの後に起きたことかもしれず、簡単に「溺水」と決定することはできないのです。

　しかし、ここで重要なのは、直接の死因（溺水？ 喉頭けいれん？ 心臓？ 脳？）の究明ではなく、間接的な死因、すなわち、この子が水中で見つかるまでの経緯はどうだったのか、なぜ救命処置がすばやく行われなかったのか（間に合わなかったのか）、この子の死亡は予防できたのかできなかったのか、予防できたとすれば、どのようにすればよかったのかを明らかにし、次の事例の予防につなげることです。

　同じことは、あらゆる事故にあてはまります。窒息（低酸素性脳症等）で死亡したなら、何がどのように窒息を引き起こしたのか、なぜ周囲のおとなが窒息に気づかなかったのか。転落や衝突（頭部や内臓の外傷等）で死亡したなら、なぜ子どもが転落や衝突に至ったのか、いずれかの時点でおとなの予防介入が可能ではなかったのか、なぜ、その事例では予防介入ができなかったのか、こうした点を検討することが不可欠になります。

　こうした情報は、事故の現場に居合わせた人のみが持っているものです。この情報がないままに第三者委員会を設置したところで、委員会の設置までに長い時間を要し、事故の原因解明はおろか、今後の予

防策もほとんど考えられません。すなわち、寺町弁護士が示している方法を用いることで、貴重な情報が保存されるようにしていただきたいと考えています。

●正確な情報を持っているのは警察のみ

　もうひとつ、かん違いされていることがあります。死亡診断書を書いた臨床医は死因がわかっているだろう、という誤解です。

　病院搬送後、死亡が確認されると、医師は警察に通報します。原因がはっきりしない突然死については、医師は警察に通報する義務があります（医師法第21条）。警察は医師や関係者から話を聞き、「犯罪性がない」と判断すると医師に「死亡診断書を書いてください」と依頼します。臨床医は救命に手いっぱいで、何が起きたかはまったくわからないけれども、とにかく死亡診断書を書きます。これがないと火葬ができないのです。犯罪性がなくとも、何か問題があるようだと考えれば警察は調査をし、調書を作成します。死亡に立ち会った臨床医は、後でその調査結果を警察から聞くこともありません。保護者に会うこともない。そんな状況下で死亡診断書は書かれるわけです。

　犯罪性がない場合でも、「なぜ亡くなったのか、体内で何が起きたのか知りたい」と医師が考え、「解剖をさせてください」と保護者に病理解剖の承諾を得ようとする場合もあります。けれども、今の日本ではほとんど承諾を得られず、結局、大半の死亡原因はわからないままになります。日本の死亡診断書は、そもそも死亡届と合わせて戸籍を管理するためのものですから、死亡原因を明らかにする機能はないのです。その点は、はっきり言っておきたいと思います。

　一方、警察が「事件性がある」と判断した場合には、事件性の判断

の程度により、遺体は行政解剖ないし司法解剖となります。この解剖は法医学の仕事で、死亡に立ち会った臨床医はかかわりません。警察は司法解剖の情報もすべて持っているわけですが、検察によって起訴・不起訴の処分が出るまで、捜査機関から外には出てきません。裁判になった場合も判決が確定するまで、警察が集めた情報は第三者には入手不可能です*。今、事故の第三者委員会などで検討されている情報はすべて、警察以外（遺族や第三者委員会メンバーなど）が独自に集めたものです。まったくの二度手間だと言わざるを得ません。

●裁判は、原因を明らかにする場ではない

　このように、今の日本には不慮の事故死の原因を明らかにするシステムがないため、「我が子に何が起きたのか、なぜ死ななければならなかったのか、その理由を知りたい」と保護者が思ったら、第三者委員会をつくるしかありません。それができない場合は刑事告訴するか民事裁判を起こす以外に方法はありません。刑事処罰されたり、民事裁判を起こせば、警察の情報が一部でも出てくる可能性があるからです。

　ですが、裁判は責任の所在や責任の配分を決める手続きであって、「我が子がなぜ死んだのか知りたい」「二度と同じことが起こらないようにしたい」という保護者の思いを必ずしも達成できる場にはなりません。裁判になれば、どちらも自分の側を守るために行動しますから、当然、対立する。結局、どちらの側も満足しない、達成感がないという状況になってしまいます。

　裁判を起こさなければ警察からの情報が出てこない、事故の事実関係がわからないというのは、そもそもおかしなシステムです。犯罪性

がない場合には警察が情報を出し、警察も含めた専門家グループの検討に任せ、予防につなげるシステムをつくったほうが明らかに良いわけです。そのためのシステムは多くの先進国にあり、一般に「チャイルド・デス・レビュー（Child Death Review〔子どもの死亡・登録検証システム〕、CDR)」と呼ばれています。日本でも現在、厚生労働省研究班のメンバーが中心となって、このシステムの導入を求めているところです。

●科学的な視点から予防策の検討を

　チャイルド・デス・レビューでは、専門家によるチームが個々の事例を客観的・科学的な視点から検討し、「死亡の予防は可能だったか、不可能だったか」「予防可能だった場合、死亡を防ぐためにどのような予防策や介入策がとられるべきだったか」を提言します。

　たとえば、明らかな虐待死の場合には本来、死亡の予防は可能だったはずであり、「なぜ、防げなかったか」「どうすれば、類似事例で死亡を防げるか」が焦点になります。犯罪性のない事故死の場合には、死亡に至った過程を検証し、予防可能性を検討、予防可能とされた場合には対策を提言します。

　チャイルド・デス・レビューのチームは、法医学者または監察医、警察、救急隊員、地方検察庁、弁護士[**]、児童相談所、医療機関、小児科医または他の医師、看護師、保健師など、その死亡事例にかかわる情報を持っているすべての人たちで構成されます。不慮の事故の場合には、死亡に関連する製品や遊具の専門家や実証実験のできる工学者を、また保育施設における事故の場合は、保育の専門家もメンバーに含むべきでしょう。

このシステムは、現在設置される場合がある「第三者委員会」とは異なります。第三者委員会はごく一部の死亡例について設置されるのですが、チャイルド・デス・レビューは明らかな病死（自然死）でない限り、全例に対して行われます。保護者が「死因究明を」「第三者委員会の設置を」と求める必要がないので、今、子どもの事故死の後に施設と保護者、行政と保護者の間などで起こりがちな軋轢は生じないでしょう。「事故隠し」もなくなり、関係者が情報を持ち寄るため、「証拠隠し」も困難になります。事故死を装った虐待死も明らかにすることができるでしょう。原因がわかるはず、予防できるはずであるにもかかわらず、現在のシステムでは「原因不明」とされてしまっている子どもの死亡の理由を明らかにし、将来の予防につなげていくことができます。

●対立ではなく、共に事実に向きあう関係へ

　チャイルド・デス・レビューも現在設置される場合がある第三者委員会も、保護者と保育施設、いずれの側にも立ちません。あくまでも、第三者の立場で死因を明らかにし、予防につなげることが目的です。しかし現実には、第三者委員会のメンバーは、保育施設側と保護者側、その周囲の人々のさまざまな感情にさらされがちであり、第三者としての客観性の保証も困難になりかねません。

　事故死の解明が裁判のような対立の場にゆだねられがちな現状では、第三者委員会（将来的にはチャイルド・デス・レビュー）も「誰に死亡の責任があるか」という対立構図の中に置かれるのは理解できます。しかし、これでは本来の目的は達成できません。ですから、第三者委員会（またはチャイルド・デス・レビュー）のメンバーが客観性を保つこ

とのできる仕組みも必要だと考えます。

　そのとき、保護者、保育施設の双方に、お互いの橋渡し、かつ第三者委員会（またはチャイルド・デス・レビュー）との橋渡しになる存在を置く必要があると思います。保護者の側にも保育施設の側にも接点があり、同時に他の立場も考えることができ、対立や無用な争いを避ける形で対応できる存在です。このための専門家を育てることも視野に入れたほうがいいでしょう。このような役割を果たす方が一人いるだけで第三者委員会で検討する内容の流れがスムースになると、私自身、感じています。

●「万が一」に備えるために

　保育施設で深刻事故が起こらないようにする、これが究極の目標です。そのためには、他の施設で起きた死亡、その他の深刻な事例を職員でしっかり検討し、自施設における予防に活かしていくことが不可欠です。

　まず、園の環境や遊具・玩具の面で改善できる部分は確実に改善し、保育者が細心の注意を払ってずっと見守っていなくても、子どもが命を落とさないようにしておくべきです。ただ、保育施設の職員は安全の専門家ではありませんから、職員だけで施設の安全を保証するのは困難です。ここは、遊具の安全の専門家、保育の安全の専門家の力を借りる必要がある部分です。遊具の安全のチェックをするときは、保護者にも声かけをして一緒にチェックをするとよいと思います。ふだんからの園での安全への取り組みを保護者にも知っておいてもらうとよいからです。

　一方、プールや水遊び、食事の時間など、目を離すことが命取り（溺

水、誤嚥窒息など）になる場合もあります。こちらは、環境整備だけでは予防できません。そうかといって、保育施設では今、深刻な人手不足が指摘されており、十分な人手で見守ることは容易ではないと考えられます***。ならば、万が一のことを考えて、プールや水遊びのとき、あるいは食事のときはビデオを撮っておくのもひとつの対策でしょう****。ビデオがあれば、深刻事故が起きた際、「何が起きたか」を知る助けにもなります。

　子どもの命を守ることは、決して簡単ではありません。保育施設の職員は、安全の専門家でもなく、リスク・マネジメントの専門家でもないのですから、「保育者の努力で子どもの命を守れ」とだけ指摘するのは到底、無理な話です。これは、日本社会全体が理解すべきことでもあります。保護者が必死になっても、製品や食品、環境が危ないままでは、家庭で子どもの命を守ることはできないのと同じです。

　行政や企業も子どもの命を守ることに真剣に取り組むことが、本当に必要です。今の日本で子どもが亡くなると、保護者あるいは保育施設（園長、職員）の責任にされて終わりというケースが少なくありませんが、実際には行政や企業などが予防のためにすべきだったこと、できたことがあります。それを明らかにし、社会全体で子どもの命を守っていくためにも、子どもの死因をひとつひとつていねいに検討していくシステムが不可欠です。

〈注〉
* 【寺町補足】「判決が確定するまで、〜第三者には入手不可能」という部分について、遺族に関する状況を厳密に言えば、
  ① 起訴＋公判請求の場合は、遺族は、判決確定前であっても通称犯罪被害者保護法により裁判に提出された記録の開示請求が可能。しかし、目的外使用しない旨の誓約書を出さなければならない。

② 略式起訴（罰金刑）を含む起訴がされて判決が確定した場合には、刑事確定訴訟記録法により、すべての人が原則として、訴訟記録の開示請求が可能。
③ 不起訴の場合、客観証拠のみ、検察庁の裁量で遺族に開示される。
となっています。

** 【寺町補足】アメリカのチャイルド・デス・レビューのメンバーには、実務法律家としては地方検察庁の検察官が含まれるのが一般的です。これは、チャイルド・デス・レビューが地方検察庁の業務として位置づけられていることによるものです。アメリカの検察官は、実務経験を有する法曹資格者（一般的には弁護士）から選ばれる制度であり、検察官は政府機関に属する弁護士と観念されています。
　これを日本に置き換える場合、実務法律家（いわゆる法曹三者＝裁判官・検察官・弁護士）として誰をあてるかは、法務省や検察庁がチャイルド・デス・レビューを担当するのであれば検察官をあてることも考えられますが、厚生労働省や都道府県などが所管するのであれば弁護士をあてるのがよいでしょう。チャイルド・デス・レビューのメンバーに実務法律家を入れる趣旨は、事実認定及びこれを基礎付ける証拠の評価、手続的適正について、専門的訓練を受けていることにあり、法曹三者は司法研修所において、このような訓練を受けているからです。

*** 【寺町補足】とはいえ、リスクの高いプログラム・時間帯に人を重点配置することは、運用で可能だと考えます。

**** 【寺町補足】ビデオを撮ることは、事故があった場合の検証にはつながりますが、予防にはつながらないのではないでしょうか。むしろ、ビデオで監視されることが、保育者を萎縮させ、保護者と保育者の疑心暗鬼を助長し、信頼関係を損なうとの見方もあります。
　【山中補足】2012年に小1女児が死亡した京都市のプール事故では、1年後に、第三者調査委員会が事故の起きたプールに当日と同じ69人の子ども、教員たちを集め、状況再現を行いました。昼前から夕方まで、炎天下の現場検証は本当に大変でした。そして現在、保護者が要求している「すべての子どもからの聞き取り調査」が行われていますが、当時1年生の子どもからの事情聴取は困難を極めています。ビデオの記録があれば、このような作業はほとんどいらないのではないかと思っています。
　最近は、校門にビデオが設置されているのは当たり前のようですし、病児保育をしている医師は、自分の診療机の前に保育室内の状況がずっと映る状況にしていますし、保護者が見たいと思えば、現時点の保育室内の様子をスマートフォンで見ることができます。そういう時代なので、現在では、「監視」されて萎縮する、というストーリーは成り立たなくなりつつあるのではないかと思っています。それより、事実を事実として記録しておくことのほうが社会的負担が少なくなると思います。
　【寺町補足】ビデオをニア・ミス時の検証に役立てれば、「監視」ではなく「予防」という意識が浸透するかもしれません。

子どもの死因検証制度と、保育園・幼稚園の深刻事故予防

掛札逸美（NPO法人保育の安全研究・教育センター代表）

「そもそも死ぬ蓋然性がない子どもを死なせないことは社会の責任であり、子どもが死亡した場合、その死が予防可能であったか、同様の事例の死亡を防ぐためにはどのような施策が必要であるか、といった議論を、子どもに関わっている機関が集い、徹底的に検討することは、死亡した子どもに対して行う最低限の礼儀であり、そこから得られた知見を予防に活かすことは、子どもの死を無駄にしないという社会の覚悟の現れでもあり、また、不幸にして子どもを失った遺族に対しての最大のグリーフ・ケアの一つであると考える。」

（厚生労働科学研究・小林班『子どもの死亡予防のためのチャイルド・デス・レビュー創設のためのガイドライン』〔提言案〕*より）

■日本の現状は……

子どもの死因登録・検証制度（チャイルド・デス・レビュー、Child Death Review。以下、CDRと略す）は、先進国の多くがすでに取り入れている制度です**。たとえば、特定の病気が原因で入院中に亡くなった場合は、たいてい死因がはっきりします（医療ミスなどは除く）。けれどもそれ以外の場合、ヒトの死因を理解することは容易ではありません。虐待だったのか不慮の事故だったのか、虐待だったなら何が直接の死因だったのか、なぜ、虐待が起きたのか、不慮の事故だったならどのようにして事故が起き、死亡に至ったのか。こうしたことを明らかにするシステムが、今の日本にはありません。

山中先生が書いているとおり、日本の死亡診断書は死因を明らかにするための書類ではありません。別の厚生労働省研究班の検討でも、死亡小票の不備は明らかになっています***。また、寺町先生、山中先生が書いているとおり、裁判は責任の所在を決めるプロセスであって、子どもの死亡の原因を明らかにする場所ではありません。今の日本では、死亡事例を次の予防に役立てていくシステムどころか、起きた事故の原因や過程を調べるシステムすらないのが現状です。

　実際にはそのためのシステムがすでに各国にあり、運用されています。日本でも厚生労働省研究班（小林班）が『ガイドライン』を出しており、スタートしようと思えば、いつでもスタートできる状況です。

■CDRとは？

　厚生労働省研究班のガイドラインなどをもとに、CDRの歴史と概要を少し解説します。

　CDRは1978年、児童虐待予防を目的として米国・ロサンゼルスで始まりました。虐待死が「事故死」として処理されているケースが問題となったためです。米国の場合、州や郡によって目的や方法、調査対象が異なりますが、CDRは全土で行われており、実施主体の3割が0〜17歳の全死亡を調査しているようです。全死亡を調査していない場合は、死因不明の死亡、SIDS、虐待死、予防可能と考えられる特定の死亡を対象としています。

　米国でCDRの中心となっているのは、警察、児童保護担当の行政サービス、検察官、弁護士、監察医などです。CDRに参加するためのトレーニングも提供されています。CDRは、まったく異なる立場の専門家が集まって情報を共有し、「子どもの死因解明と予防」を目

標としたうえで協力して作業をしていく仕組みですから、参加メンバーにはそのためのスキルが必要とされます。たとえば、専門領域には長けていても、他の分野の専門家と適切にコミュニケーションできないのでは、CDRのメンバーとしては不適格となるでしょう。

■死因検証を重ね、次の予防につなげる

　CDRでは、子どもが死亡に至った過程をさまざまな側面から洗い出します。「この死亡は予防できたか」「死亡に至った過程のどこで、誰が、どのようにしていれば予防できたか」「なぜ、このケースではその予防ができなかったのか」を、警察、医療、子どもに関連するさまざまな立場の人たちが議論していきます。このような議論をすることで、その子どもの死因を明らかにするだけでなく、次の死亡の予防につなげていくことができます。

　CDRによってさまざまな死亡の原因が集まると、予防の具体策も見えてきます。米国では、検証結果をもとに、プール周囲のフェンス義務化や、子どもを自家用車に置き去りにした場合の厳罰といった制度改定が行われた州もあるそうです。各国で、検証をもとにした児童虐待予防のための取り組みも生まれています。事故自体の予防が難しい場合であっても、救急体制の整備につながるでしょう。

　たとえば、米国の家庭用プールで起こる溺死をいくつも検証すれば、使用していないプールを監視することも、家の敷地で遊んでいる子どもを24時間見守ることも不可能だとわかり、水を抜く、フェンスを設置するなどの方法が溺死予防に有効だと結論づけられます。一方、子ども一人を安全な状態で自家用車の中に置いていく方法は今のところありませんから、「置き去りにしないこと」が熱中症や低体温症、一

酸化炭素中毒などを予防する唯一の方法となります。虐待であれば、出産前後、育児中の長い過程の中でさまざまな虐待予防、死亡予防の取り組みが可能です。異なる行政サービスの連携がうまくいかない結果、虐待死が起きてしまうことは、日本でもよく知られているところです。

　こう書いてしまえば当たり前のように聞こえますが、どれも死因を調査して「どこに効果的な予防のポイントがあるか」「どこで予防を失敗したか」を具体的に検討することで、初めて見える内容です。たとえば、日本で多発する浴槽での子どもの溺死も、それぞれの事例が起きたときの状況（残し湯？　おとなが入浴する合間？）、風呂場の状況（フタがしてあった／なかった？　ドアがあいていた？）などがわかっていけば、どの部分で何をすることが効果的な予防方法かがわかっていくでしょう。そのための情報もないのが、日本の現状です。

■保育現場にとっての死因検証制度の意義

　「子どもの死因を調査することが大切なのはわかるけれど、それが保育施設とどう関係あるのでしょうか？」……。関係はとてもあります。

(1)　死亡や深刻事象の予防のため

　まず、予防できるはずの子どもの死亡や深刻事例は、社会的責任を負う組織（保育施設、自治体）として防ぐ必要があります。今までにも起きていて、死ぬ可能性があるとわかっているケースの再発を防ぐことは、組織としてのリスク・マネジメントの柱です。けれども、どんな死亡や重傷（症）が、これまでどこでどのように起きたのか、それ

らの事例のどこに問題があり、どこをどうすれば予防できていたかがわからなければ、次の予防はできません。これが、保育施設で起きた死亡事例、重傷（症）事例を詳細に検討する大きな理由です。

(2) 亡くなった子どもと保護者のため

　もうひとつの大きな理由は、亡くなった子どもとその保護者のためです。今、保育施設で子どもを失った保護者が「なぜ、どのようにして自分の子どもが死んだのかを知りたい」と思った場合、選択肢はきわめて限られています。栗並寛也君のケースのように、保育士が事故後、保護者の質問に直接答えるケースは決して多くないでしょう（65〜76ページ参照）。「誰も何も言わないから」と刑事告訴したり、民事訴訟を起こしたりしても、そこで真実がわかるとは限りません。山中先生が書いているように裁判は一種の「闘い」ですから、双方にとって満足な結果は得られません。「事故で子どもが死んだ」という突然の事実以上の重荷を保護者に負わせているのが、今の日本です。

　死因検証制度があれば、子どもがなぜ、どのように亡くなったかをある程度、明らかにできます。それだけでなく、次に同じような原因で起こる深刻な事例を防ぐこともできる可能性があります。

(3) 保育者の心と仕事のため

　保育施設で働く職員にとっても、この制度は大きな意味を持ちます。

　残念なことですが、深刻事例でなくても、子どもの事故の際に職員の間で口止めや口裏合わせが行われることがあります。組織としては、それで「難を逃れる」かもしれません。けれども、「本当のことを言わなかった」「嘘をついた」という気持ちは、人の心の中に一生残る傷となります。まして、それが子どもの命にかかわったことだと

すれば……。寺町先生も栗並さんも書いていますが、後から「実は……」と出てくる話は人間の良心の働きとして当然のことです。

　死亡検証制度は、保育者が良心の呵責にさいなまれることをなくします。自分が見たこと、聞いたこと、したことを書く場、話す場を保証するからです。なにより、「私たちの園の子どもたちにもしものことがあったら、何も隠さないで、ありのままを事実として書いてね。管理者としての責任は私がとります。だから、先生たちは精いっぱい保育をして」と園長が話している園は、保育者にとって安心して働ける園になるはずです。

　そして、死亡検証例が積み重なることで、今の保育の質そのものを問う結果も見えてくる可能性があります。山中先生も事例の項（82ページ参照）で書いていますが、現在の慢性的な人手不足は「豊かな保育」どころか「安全な保育」さえ保証できない深刻さかもしれません。けれども、これは事例を検証してみなければわかりません。人間の注意力や集中力については心理学の実験が多々あり、「がんばって見守る」範囲を超える状況も当然あることがわかっています。検証を通じて、いわゆる「最低基準」などの議論に科学的な根拠を示すこともできるでしょう。

■「将来の深刻事例」をできる限り減らすために

　事故による深刻な結果は、同じ危なさがあれば、いつ、どこで、誰に起きても不思議のないできごとです。それをできる限り防ぐためには、過去の死亡事例、深刻な事例から学ぶことが必須であり、CDRはそのための有効な方法です。

　過去の事例は、「あの園で起きた、特別に不幸なできごと」と言っ

て終わりにできるかもしれません。でも、将来の事例は、「同じ危なさがあれば、どこの園でも、いつでも、誰にでも（どの子にでも、どの保育者の前ででも）起こりうること」ですから、今、本書をお読みになっているあなたの施設（自治体、法人、企業）で起こるかもしれないのです。死亡事故や深刻事故の検証は、すべての保育施設、そして自治体にとって価値ある取り組みになります。

〈注〉

*　『子どもの死亡予防のためのチャイルド・デス・レビュー創設のためのガイドライン』（2013年3月）。平成22～24年度厚生労働省政策科学総合研究事業（政策科学推進研究事業）により作成（研究代表者、小林美智子）。各国のCDRの情報だけでなく、日本で今すぐ始められるCDRのシステムも提言しています。

**　オーストラリアのように、明らかな病死以外すべての死亡を子どもに限らず検死し、結果をデータベース化している国もあります。

***　山中龍宏、掛札逸美：傷害による死亡情報の収集内容についての検討。厚生労働科学研究費補助金子ども家庭総合研究事業「乳幼児死亡と妊産婦死亡の分析と提言に関する研究」平成20年度総括・分担研究報告書、pp 408-417、平成21年3月。

2 経緯、原因を明らかにするシステムづくりを
── 子どもを失った一人の親として

栗並えみ
(愛知県碧南市認可保育園死亡事故 被害児童の母親)

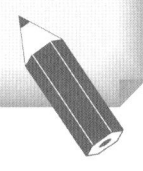

　お読みいただく方に、はじめにはっきりお伝えしておきたいことがあります。それは、ここでお話しすることはあくまでも「栗並えみ」個人の気持ち、考え、意見だ、という点です。私たち夫婦は子どもを保育園の事故で亡くした「遺族」ですけれども、子どもを保育園や幼稚園などの事故で亡くした遺族が皆、私と同じように感じ、考えているわけではないと思います。なにより、子どもが亡くなった状況や背景は一人ひとりまるで違いますから、同じ気持ち、考えになるはずもないのです。声をあげることもできず、泣き寝入りをしている人もいると聞きます。

　子どもを亡くした保護者一人ひとりがもっともっと自分の気持ちや考えを出せる社会、保育園や幼稚園とも一緒に話し合える社会になるまでは、「声を出している人の言っていること＝遺族全体の意見」と認識されがちかもしれません。でも、これからは一人の子どもの死とその家族の気持ちが今よりもずっと大切に扱われる社会、さらには子

どもの死に居合わせた保育者の心も守られる社会にしていきたい。私はそう願っています。

●死亡事故から聞き取りへ

　私たちの長男・栗並寛也は、2010年10月29日15時30分ごろ、当時預けていた社会福祉法人運営の認可保育園（愛知県碧南市）でおやつのベビーカステラを食べている途中、窒息状態に陥り、意識不明となりました。救急搬送されたものの、意識は回復しないまま、12月7日に死亡しました[*]。事故当時、1歳4か月でした。

　病院へ駆けつけると、担当保育士のA先生が泣いていました。その姿を見た瞬間、「私、この若い保育士さんの人生を終わらせちゃうかもしれない」と思ったのを覚えています。信頼している先生でしたし、がんばって保育をして寛也をかわいがってくれていた。A先生がずっと泣いていたので、きっと彼女がなんらかのミスをしたのだろう、でも、つぶれないでほしい、そう思って私は「A先生のせいだけじゃないと思う」と、泣いている先生に声をかけました。

　事故後、園は保護者に対しても碧南市に対しても「適切に見守りを行っていた」という報告をしていました。でも、園長と副園長の話にはどうしても腑に落ちないところがたくさんあったので、「寛也に何が起きたのか知りたい！」とそれだけを思って、保育士の方たちへの聞き取りを始めました。

　そのときに決めたのは、「絶対に怒らない」ということ。保育者として不適切な行動をしたかどうかは別として、現場の先生たちが寛也をかわいがってくれたことは理解していました。そんな人たちを怒鳴りつけたりする気にはなれなかった。園の管理者には、組織として事

実を明らかにしようとする態度はなかったけれど、現場の保育士さんたちは、私が「自分がしたこと、見たこと、知っていることを全部教えてください」と尋ねると、事故当時のことをなんとか思い出そうとしながら答えてくれました。

その聞き取りの中で、園が虚偽の報告をしていたことがわかったのです。

●面積最低基準違反。実は、見守りも欠けていた

当時、この園では０歳児が増え、０歳児クラスの子ども一人あたりの面積が、国の最低基準を下回る違反状態になっていました。それを見た園長が「芋を洗うようでかわいそうだ」と考え、寛也は０歳児クラスから、こちらも面積最低基準違反状態だった１、２歳児クラスに移されていました。この園は朝夕の子どもの受け渡しを玄関でするシステムだったので、私たちはこの変更に気づかず、園から伝えられてもいませんでした。「０歳児が増えているみたいだけど、大丈夫なのかな」とは、園の玄関に置いてある登降園簿などを見て感じてはいましたが……。園、碧南市や愛知県が最低基準に関して誤った解釈で運用していたことも後になってわかりました。

「昼寝から目覚めておやつを食べている間、担当保育士はずっと横についており、担当保育士がお茶を飲ませなかったのが窒息の原因」と当初、園は市に報告しています。ところが、何度も聞き取りを重ねるうちに、寛也の状態が急変する直前、担当保育士が席を離れていたことがわかってきました。副園長は事故の翌日、担当保育士のＡ先生本人から「何をしていたかは思い出せないけれども、寛也くんの隣ではない所にいた」と聞いたと言います。それなのに園は、市にも、私

たち親にも、園の他の保護者たちにも「ずっと隣で見守っていた」と説明し、私たちが何度も聞き取りを重ねた末にやっと、「A保育士が一瞬、席を立って、何かをしにいったと思われる」と書かれた書面を、さらっとメールで送信してきたのです。そのとき、事故からすでに3か月が経っていました。

　寛也が亡くなり、事故からは2か月が経ったとき、A先生と2人で話をしました。「どうして、お茶を飲ませるのを忘れたの？」「よくわからない……」「広い部屋に、担当する他の園児がちらばっていたんだよね？　そちらのほうも気になっていたということだけど、そのためにおやつの見守りに集中できなかったんじゃない？」「……今初めて、そう気がついた……」。とても素直な人だから、A先生は事故からずっと「私がお茶を飲ませなかったからだ」と自分を責めていたのです。それから1か月ほどしてやっと、周囲の保育士の証言によって、A先生が席を離れていたことが明らかになるのですが、実は、A先生が寛也のおやつの世話に集中できない状況が背景にあったのに、本人は「自分がお茶を飲ませなかったからいけなかったんだ」とだけ思っていた。

　ではなぜ、おやつの世話に集中できなかったのか。そこがわかったら保育園全体の問題、できごとの本質にふれることができるかもしれないと思って、A先生が席を離れていたことが明らかになった後、あらためて「何をしていたか、どうしても思い出せませんか？　本当のことを教えてください」と泣いて頼みこみました。A先生は、「自分のしたことだから覚えていなきゃいけないし、お母さんにも話さなければいけないけど、どうしても思い出せない」と泣くばかりで……。事故から3か月も経っていて、その間ずっと「自分がお茶を飲ませなかったから」と思っていたのですから、自分のしたことが、自分自身でわからなくなったとしてもしかたがないのかもしれません。

●職員の心を守ることは管理者の責務

　事故から半年後の新聞報道で、担当保育士が席を離れていたことが明らかにされました。これを受けて、園はあらためて保護者説明会を開きました。その席上、副園長が「周囲の保育士たちは、担当保育士が席を立っていたことを知っていたが、本人のためを思って言わなかった」と言いました。後になって思うのですが、このことによって、担当のA先生は自分を責め続けることになり、立ち直る機会を奪われたのではないでしょうか。周囲の先生たちが「本人のためを思って言わなかった」というのは、同僚としての優しさかもしれません。でも結果として、A先生は自分のしたことと向き合うことができなくなってしまった……。それって、本当の優しさでしょうか？　もし、園の管理者が「施設として自分たちが責任をきちんととるから、正直に事実を話そう」と、職員全員に対して最初から言っていたら……？　A先生が席を離れた理由もわかり、隠ぺいもなく、私が園の管理者に怒りを感じることもなかったかもしれません。

　人はミスを犯す生き物だから、誰かのミスによって子どもが亡くなることも、悲しいけれどゼロには絶対できないような気がします。でも、個人がミスを犯すことと、組織や個人がミスを隠すこととはまったく別の問題です。特に、組織全体で、または組織の管理者がミスを隠したり、特定の職員のせいにしたりすれば、その職員の心や人生だけではなく、組織の人たち全体の心が歪んでしまいます。ミスを隠していることがわかれば、遺族も当然、怒る。「ミスを犯したこと」に対してではなく、「隠していたこと」に対して、です。

　たとえば、『乳幼児の事故予防――保育者のためのリスク・マネジメント』**の中で、つくしんぼ保育園（東京都日野市）園長の久野順子先

生が、「保育園は現場の職員があってこそ。上に立つ者は責任だけしっかりとっていればよい」とおっしゃっているのを読んで、「本当にそうだなあ」と感じました。ふだんから園長が「保育をがんばって！ 最後は自分が責任をとるから」と言っていれば先生たちも安心して保育にあたることができるし、何かあったときにも、すぐに事実を共有できる。逆に、「何かあったら、お前たちのせいだぞ」という雰囲気がある園だったらどうでしょう……。

　私自身も組織の中で働いている一人として、「組織が守ってくれている」という気持ちがあります。労働者としての安心感です。それが今、ひとつひとつの保育園、幼稚園にあるのかどうか。何かが起こったとき、働く人をきちんとサポートする形になっているのか、保育施設とそこで働く保育者の間に信頼関係があるのか。「安心して働ける環境をつくるのが施設の管理者の責務ではないか」、それが聞き取りを通じて感じたことのひとつです。

●起こった事実を知り、予防につなげる意義

　私たち夫婦は「遺族」ではあるけれども、その事実をちゃんと抱えたうえで自分らしく生きていきたい。「遺族として」生きていくのではなく、「一人の人間として」。私たちには、その権利がある。一方、ミスを犯した人（たち）も、その先の人生を生きていく権利があると思います。故意に人の命を奪ったのなら別かもしれませんが……。

　どうしたらそれができるのか、ずっと考えているのですけど、ひとつの答えが「事故によって死亡に至った経緯を明らかにすることで、次の予防につなげること」なのではないかなと。事実を知るということは、私にとっては事実を受け入れてその後の人生を前を向いて歩い

ていく、ひとつのプロセスでした。事実を明らかにすることが次の予防に活かされていくことを感じられれば、子どもを失った家族が前向きに歩いていくプロセスの追い風にもなるような気がします。

　そして、自分（たち）のミスで子どもが死んでしまったという人たちも、自分の行動をみつめ直し、ていねいに向き合い、ミスを次の死の予防につなげていくことができれば救われるかもしれません。現状ではあくまでも理想論ですが……。事実を明らかにしていく過程の中で、遺族と施設が新しい前向きな関係を築いていくこともできるかもしれません。

　ただ、事実を知ろうとすると、今は第三者委員会をつくるよう遺族が自治体に働きかけなければならなかったり、それができなければ訴訟を起こさなければいけなかったりする。それは絶対におかしい。「起こった事実を知りたい」、ただそれだけのことで、なぜ、遺族がいっそう大変な目にあわなければいけないのか。

　寛也の事故の場合は、行政に対する粘り強い働きかけの末にやっと第三者検証委員会ができ、報告書も公表されましたが、私たちと同じように力を尽くしているのに何の調査もされないという遺族や、施設の職員と話すことすらできない遺族もいます。それはとてもおかしいことだと思います。職員の中にも「本当のことを話したい」と思っている人がいるかもしれないのに、事実を明らかにする場を持つことさえできないのですから。

●死亡までの経緯、死因を明らかにするシステムを

　裁判を経なくても、死亡までの経緯や死因を明らかにするシステムがどうしても必要です。それは遺族のためだけでなく、施設で働く職

員のためにも。「誰が悪かったか」という「責任」を決める手続き（裁判）ではなくて、「（死亡を防ぐために）誰が、何を、どうすべきだったか」という「責務」を明らかにするシステム。

　事故が起きる前、起きた後に「誰が、何を、どうすべきだった」、けれども、「実際には責務がこのように果たされなかったため、こうなって、死亡に至った」「それならば、果たすべき責務について、今後は何をどうするべきか」……、こう考えていくことができれば、次の予防につなげられると思います。そして、まだ事故が起こっていない施設でも、「この事故から考えると自分たちのここが問題だから、何かが起こる前に改善しよう」と考えられる。

　こうした情報を活かすことができるのは、施設だけではありません。「子どもの死を予防するための責務」は、国、地方自治体、自治体で保育を管轄している課、教育委員会、運営母体（社会福祉法人、宗教法人、企業など）が負っていると思うので、それぞれの所で責務をしっかり果たすことが不可欠です。

　たとえば、もしも今の最低基準では安全を保証できない、どんなに努力してもきちんとは見守ることができないというのなら、職員も施設もそうはっきり主張する。そして、国や自治体が、配置する職員数を増やしたり、職員の待遇を改善したりすることにつなげていく。システムとして無理な状態になっているかもしれないのに、何か起きたら個人のミスや能力のせいにだけしていたのでは、また、次の死亡事故が起こります。そして、また個人のミスや能力のせいにされ、その人は追い詰められ、社会全体としては何も改善しない。

●保護者ではなく、第三者機関が担うべきシステム

　このように、「事故を防ぐためにすべきだったこと」「今後、事故を防ぐためにすべきこと」を明らかにするためにも、とにかく「何が起きたか」をはっきりさせる必要があります。起きてしまったこと（事故、子どもの死亡）は取り返しがつかないし、元にも戻せないのだから、せめて起こったことから学んで次に活かしてほしいと強く願っています。我が子を事故で亡くした親として。

　なにより、保育園、職員の人たちが正直に話してくれれば、親としては少し心がやわらぎます。事故について先生たちに聞き取りをしていて思ったのは、「結局、こういうことって最後は人間の良心なんだ」ということ。先生たち一人ひとりに「本当のことを明らかにしなくてはいけないんだ」という良心があったから私たちは事実をかき集めることができたし、園の管理者に組織として主体的に対応していこうという姿勢がなくても、なんとか聞き取りを続けることができた。

　では、その良心はどこから来るのか？　「黙っていることが苦しい」という気持ちもあると思いますが、一番は「子どもを愛している」という気持ちのような気がします。「子ども全般」というのではなく、「（事故に遭った）その子を愛している」という気持ち。それは現場で一人ひとりの子どもと精一杯向き合っている人ならば、誰もが持っている気持ちなのではないでしょうか。

　碧南市に第三者検証委員会が設置されて、私たちが聞き取ったことが検証の基礎（材料）となる事実として認定され、最終報告書[***]に活かされました。その後、最終報告書の提言を受けて、愛知県は「保育所事故対応指針」を策定し、さらには碧南市を含む県内の複数の自治体が、重篤事故に速やかに対応できるよう、常設の事故検証委員会を

設置しました。

　最終報告書が公表される際、検証委員の方から「栗並さんたちが集めたことがなかったら、何もわからなかった。検証なんてできませんでした」と言われたときには、「報われた」「粘り強く園への聞き取りを続けて良かった」と心から思いました。私たちが集めた情報が委員会で活かされ、次の予防につながっていくことが実感できたのですから。

　あとは、こうした事実の掘り起こし作業と予防策に行政機関や専門家――遺族ではなく――が第三者としてきちんと取り組んでいくシステムづくりが必要だと思います。責任や償いの部分は裁判やそれ以前の手続きの中で決めていくことだと思いますが、事実を明らかにしたり、予防策を考えたりすることは、裁判の役割というわけではないと私は思います。

●遺族である保護者と保育者の対話に向けて

　保育園、幼稚園の方たちに伝えたいのは、ふだんから事故やヒヤリハットの情報を集めて、予防を考えていってほしいということです。日常の保育の中で、報告する習慣、事実を記録する習慣をつけていなかったら、死亡事故が起きたときにどうしたらいいかわかりませんから。事故にもヒヤリハットにも関心がない園長が、死亡事故のときになって「みんなで本当のことを書こう」と突然指示しても無理だと思います。寛也の事故のケースがまさにそうですが、そんな指示すらできない。

　2013年9月のシンポジウム****の後、つくしんぼ保育園園長の久野順子先生とお話ししたときに、「つくしんぼ保育園では、ヒヤリハッ

トの報告があったら『気づいてくれて、ありがとう』とみんなで積極的に声をかけて、『じゃあ、どうしようか』と考えます」とおっしゃっていたんです。それは本当に大事なこと。「隠さなくていいんだ」「隠しちゃいけないんだ」という文化を園の中でつくっていくのは、毎日の積み重ねだなあと思いました。

　事実を明らかにするシステムづくりは、保護者のためだけでなく、保育園、幼稚園で働く人たちのためにもなるはず、と私はずっと思ってきました。でもやっぱり、「園としては、隠したいことってあるのかな」「そういうシステムは都合が悪いのかな」と心にひっかかってもいました。だから、久野順子先生から「保育園にとっても、そういうシステムは大事。なぜかというと、このシステムは保育園や保育士自身を守ることにつながると私は考えるから。だから、このシステムを作ることに反対する人がもしいたとしても、私自身は、栗並さんたちの活動を支援していきたい」とお聞きしたときには、なるほどと思いました。「よかった。そういうふうに考える保育園も本当にあるんだ」と思えて、とても嬉しかった。

　こういうところから、保育園や幼稚園で起きた事故によって子どもを亡くした家族と保育園、幼稚園の間の対話は始まっていくのかもしれないと思います。寛也を担当していたA先生は、寛也をかわいがってくれていましたし、寛也が死んでしまったことを本当に悲しんでいたように思います。立場は私たち夫婦とはまるで違うけれど、この先生が寛也に対して感じていた気持ち、感じている気持ちに、私たちと共通する部分はきっとあると思う。

　私がお話ししているようなことに共感してくださる保育園、幼稚園と保護者、遺族が対話を続けていけば、保育園、幼稚園はもっともっと安全な場になっていく、保護者も園を信頼し、安心して子どもを預

けられるようになっていくのではと考えています。

〈注〉
*　くわしくは、下記のウェブサイトを参照ください。
　　http://hiroyasmile.blog.fc2.com「愛知県碧南市認可保育園における事故について」

**　掛札逸美『乳幼児の事故予防ー保育者のためのリスク・マネジメント』ぎょうせい、2012、p.154～159(【園長インタビュー】安全チェック、ケガ予防対策を実施してみて)

***　碧南市「保育事故」第三者委員会の最終報告(平成25年2月)は、碧南市のウェブサイト内、下記URLでご覧いただくことができます。
　　http://www.city.hekinan.aichi.jp/kodomoka/houkoku.pdf

****　平成25(2013)年9月15日、東京において、「シンポジウム 保育事故を繰り返さないために～再発防止のための調査・検証の制度化に向けて～」を開催しました(主催：シンポジウム「保育事故を繰り返さないために」実行委員会〔代表 栗並えみ〕)。本書著者である山中龍宏先生、寺町東子先生、掛札逸美先生のほか、京都精華大学准教授の住友剛先生、つくしんぼ保育園(東京都日野市)の園長・久野順子先生、赤ちゃんの急死を考える会の方々にご登壇いただき、事例報告、基調講演、パネルディスカッションを行いました。

第3章

深刻事故は
どの園でも起こり得る
──事例に学ぶ

1 保育現場での深刻事故事例
―― Injury Alert（傷害速報）より

山中龍宏（小児科医）

　保育施設では、これまでにどんな深刻事例が起きているかを知っていることが不可欠です。それは「似たような事故」「同じ事故」を防ぐためだけでなく、組織として予見すべきもの、予防すべきものを予見・予防しなかったという責めを負わないためでもあります。

　そこでここでは、日本小児科学会こどもの生活環境改善委員会が発表している「Injury Alert（傷害速報）」から、これまで起きている深刻な事例のうち、保育施設にも関連のあるものを紹介します。

　　※医療現場では、毎日、重症度が高い子どもを診ています。傷害が発生したときの詳しい状況を記録しておかないと、予防にはつながりません。そこで、日本小児科学会雑誌2008年3月号より「Injury Alert（傷害速報）」欄を設け、私が担当してコメントを書いています。これまでの事例は、下記の日本小児科学会ウェブサイトで一般にも公開されています。
　　　　　　　ウェブサイト：http://www.jpeds.or.jp/modules/injuryalert/
　　※以下に掲載する事例は、「Injury Alert」の文章を読みやすく編集しています。

1 保育現場での深刻事故事例──Injury Alert（傷害速報）より

●固定遊具のすき間に首がひっかかった事例（Injury Alert No. 27）

○ **発生日時**：2011年。平日の午前9時20分ごろ。
○ **子ども**：3歳11か月の女児、身長97cm、体重14kg。
○ **事故が起きた製品**：幼稚園の園庭にある固定遊具。1969年1～3月に設置された登り棒つきの滑り台。オリジナル製品で、製作所はすでに閉所している。
○ **状況**：他の多数の園児と一緒に遊んでいた。事故当時、遊具のまわりに保育者はいたが、ふだんどおりの遊び方をしていたため、特に注意を払っていなかった。

　遊具の上から柵の間のすき間をくぐり抜けたり、柵を乗り越えたりして、登り棒を「降りる」遊びがよく行われていた。本児も当日、そのように遊んでいるところを確認されていた。歩く部分は地上から約2.2mの高さ、柵の高さは70cm、柵のすき間は約17cm。

　発生時刻、保育者がふと遊具に目を向けたところ、登り棒上部の一部が水平になった部分（約12.5cm）に首を支点として本児がぶら下がっているのを見つけた。すぐに大声で助けを呼び、児を降ろしたが、この時点で意識はなかった。呼吸はあり、まもなく意識は回復した。病院に搬送されたときは、意識レベルにも問題がなく、神経学的にも明らかな異常は認められなかったが、首の前側に出血斑があった。各種検査を行い、翌日には帰宅となった。

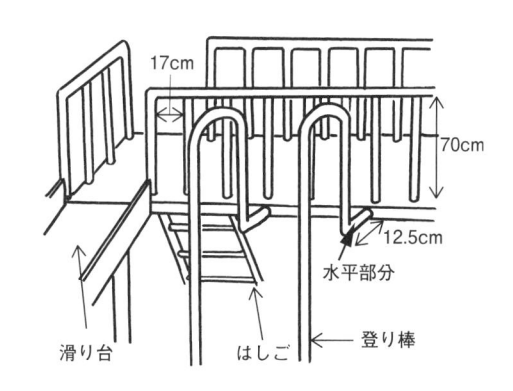

現場にいた保育者の話では、柵の間をすり抜けた際に誤って転落し、首が水平部分にひっかかったのではないかとのことだった。しかし、降ろされたときに意識がなかったことが、今回の傷害の原因（他の理由で意識を失い、転落した）なのか、傷害の結果（誤って転落し、首がひっかかって意識を失った）なのかは、明らかでない。

★日本小児科学会こどもの生活環境改善委員会のコメント（要旨）
○ポール（登り棒）から降りるためには柵がじゃまであり、設計そのものが事故を誘発した可能性がある。ポールをはずすか、柵の部分をあけてポールに移るための手すりをつけるなどの改善が必要。
○日本公園施設業協会の安全基準では、柵の幅は10cm以下となっており、17cmでは広すぎる。米国消費者製品安全委員会の遊具の安全ハンドブックでは、「わな状態」になる幅は8.8〜22.8cmとされており、17cmは明らかに子どものからだにとって「わな」となる幅である。ポール付近以外の柵についても幅を10cm以下に狭くする、または、板などを設置して柵の間から抜け出さないようにする必要がある。
○遊具は40年以上前に設置されたものであり、現在の安全基準からはありえない構造となっている。製作会社もすでになく、管理も行われていない。遊具に関しては、オリジナルの構造であっても、安全基準を満たす必要がある。新しい遊具を購入する場合は、安全基準に合致していることを確認し、古い遊具の場合は、安全点検を専門家に依頼する必要がある。

★山中龍宏がその後の対応を聞いた際の園側の返答と、山中のコメント
園：「設置してからこれまで（＝40年間）、一度もこの遊具では事故がなかった」

山中：そもそもこの遊具は安全基準から逸脱しており、これまで何も起きなかったのは、「運の良い偶然」です。今回、「運が悪ければ」亡くなっていた事故が起きたにもかかわらず、「これまで大丈夫だったから」という理由は通用しません。

　また、「この遊具は古く、オリジナルだから危険。私の園にはそんな遊具はないから関係ない」と考える人もいると思われますが、安全基準を満たしていない遊具は園庭にも公園にもあります。同じように「今まで大丈夫だったから」と考えるのは非常に危険です。

園：「全職員で遊具の使用について会議を開き、『登り棒は下から登り、そのまま降りてくるという遊び方のみOK。上から登り棒に移って降りる遊び方は絶対にしない』という使用制限を設けた。親御さんにも担任から伝えた」

山中：登り棒に方向がついているわけではないので、子どもが遊ぶ以上、「絶対にしない」という約束は無理でしょう。下から登れば登ったで、上に乗り移りたくなるのが子どもとしては当然です。また、職員も変わり、親も毎年変わり、約束はすぐに薄れていくものです。

園：「子ども、担任、親がそれぞれ共通の意識を持ち、使用方法を誤らなければ、これからも楽しい遊具としてつきあっていけると思う」

山中：子どもがそのような「共通意識」を持てるものでしょうか？
　おとなでもそう簡単には安全の共通意識を持てないものです。「使用方法の誤り（誤使用）」という言葉は、子どもが製品などで傷害を負ったときの理由としてよく使われますが、子どもに「誤使用」は適用できません。子どもは、おとなの予測や予想を越えて、どんな遊具・玩具や製品からも新しい遊びを創造する生き物ですから。

園：「監視の職員を増やすため、保育時のスケジュールなどの改善を始めた」

山中：保育士、幼稚園教諭の数が足りないのに、これ以上、増やせるのでしょうか。そもそも子どもの命を奪う危険性（安全基準からの逸脱）をいくつも有している遊具を使っていながら、管理強化で子どもの命を守ることはできません。

　このケースは明らかな安全基準の逸脱ですが、他の傷害ケースでも、「見守る」「そばに立つ」といった内容が園の「改善方法」として出されることは少なくありません。しかし、世界保健機関（WHO）が報告しているように、「見守り」は明確な定義もなく、効果もほとんど評価されていない安全対策です*。

●木製おもちゃの誤嚥による窒息（Injury Alert No. 47）

- 子ども：2歳0か月の女児。
- 事故が起きた製品：木製のままごとセットのイチゴ（マジックテープで2つに分離できる）。
- 状況：午後5時45分頃、母親、きょうだい2人と夕食を食べていたが、早く食べ終えた児はこの玩具の先端部分をふざけて口の中に入れ、母親に見せにきた。母親はすぐに出すよう注意をしたが、児はかたくなに口を閉じ、誤嚥した。母親が口の中からかき出そうとしたが奥に入りこんでしまい、背中を叩いても出ず、119番通報した。搬送中に心肺停止となり、10か月後に死亡した。

★日本小児科学会こどもの生活環境改善委員会のコメント（要旨）
- この製品のように直径が39ミリ以下のものであれば、容易に幼児の口に入り、咽頭、喉頭部にはまりこみ、窒息が発生する。マジック

テープでパーツがついた状態であれば誤嚥は起こりにくいかもしれないが、それぞれのパーツは簡単に誤嚥が起きる大きさ、形状である。
○また、製品が食品を模しているため、幼児が製品を口に入れることは十分に予想できる。

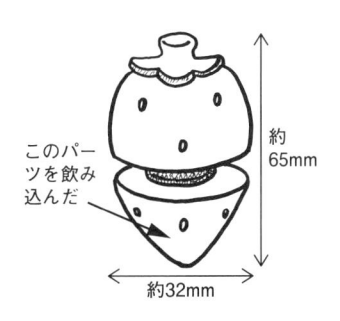

保育施設には、同様の玩具(木製、プラスチック製で多様な食品の形やボール形)が多数ありますから、どこで起きても不思議はない事例です。Injury Alert(傷害速報)に掲載されているこの記事(PDF)の画像を見ると、喉の奥まで玩具が入りこんでいることがわかります。

ちなみに39ミリは、「口に簡単に入って誤嚥・誤飲する危険の指標」であって、「39ミリ以上なら大丈夫」という安全の指標ではありません。最新の国際基準では、「直径44.5ミリの円を通り抜けるボール状の玩具は、誤嚥の危険があり、36か月以下に適さない」となっています。3歳以上でも、ふざけて口にして誤嚥する可能性が十分ありますから、36か月以上を対象とするボール状の玩具には、誤嚥の危険表示が必要とされています。ボール形、楕円形など、誤嚥しやすく、飲み込んだら取り出すことが難しい玩具の対策を、最新の国際基準に照らして実施する必要があります。

●スーパーボールによる窒息(Injury Alert No. 3)

○子ども:3歳9か月児。
○事故が起きた製品:直径3.5cmのスーパーボール。

○状況：夕方、本児が自宅の居間で遊んでいた。周囲には兄、妹、母親がいた。本児がスーパーボールを2つ、口の中に入れて遊んでいることに気づいた母親が「危ないからボールを出しなさい」と叱ったところ、児は驚いてボールを1つ飲み込み、窒息した。母親が口の中に指を入れてボールを出そうとしたものの取り出すことができなかったため、119番に電話。窒息から37分後、搬送。

　救命救急センターで喉に詰まったスーパーボールを取り出し、心肺蘇生を行ったところ、約20分後に心臓は動きだした。しかし、自発呼吸は戻らず、その後も意識と自発呼吸はなく、人工呼吸の状態となり、6か月後に亡くなった。

★日本小児科学会こどもの生活環境改善委員会のコメント（要旨）
○3歳児が口を開いたときの最大径は3.9センチであり、このスーパーボールは容易に口に入るサイズ。
○この大きさのスーパーボールが2つ口の中に入れば、奥のほうにあるボールは喉にはまりやすい状況になる。
○表面がつるつるしていて、ある程度の大きさと弾力のある物がいったん喉に詰まると、取り出すことは大変難しい。
○製品面では、スーパーボールの直径を4.5センチ以上にする、または、ボールに通気孔をあけるように規制する必要がある。

　各種の大きさのスーパーボールだけでなく、木製ボール、プラスチックのボールなど、さまざまな球体で誤嚥窒息が起きていますから、危険性の予見は十分に可能です。球体、または球体に類似した形の玩具は保育施設にも多数あり、誤嚥のヒヤリハットも多数起きています。誤嚥をする可能性が高い月齢の子どもがいる場合、こうした危険な玩

具を取り除かない限り、深刻な事例はいつでも起こりうると考えるべきでしょう。

●室内ブランコによる頭蓋内損傷（Injury Alert No. 21）

○子ども：3歳0か月児。
○事故が起きた製品：ブランコ、ジャングルジム、滑り台が一体となった室内用遊具。高さ110cm、幅185cm、奥行125cm。
○状況：児は姉、弟と自宅2階の子ども部屋で遊んでいた。周囲におとなはおらず、母と祖父が3階にいた。ブランコを支える棒の両端に約17cmの金属製の棒（ピン）が差し込まれていたが、これは高さ調整のため固定されておらず、子どもでも簡単に引き抜ける状態だった。遊んでいたときに児の右眼球にこの棒が刺さり、姉が引き抜こうとしたが完全には抜けず、弟が母親を呼びにいった。なぜ刺さったかは不明。

棒は右眼窩に刺さり、先端は後頭部まで達していた。手術によって棒を取り除くことはでき、生命の危機も脱したが、発達への影響が懸念される。

★日本小児科学会こどもの生活環境改善委員会のコメント（要旨）

○なぜこのような傷害が発生したのか、推測することは難しいが、傷害からするとかなりの力が作用したと思われる。つまり、女児が高所から転落したときに刺さったものと思われる。
○棒（ピン）は遊具の高さを変えるときや解体・収納をするときに抜くものだが、通常も遊具から約5mm突き出た状態にある。子どもの力でも簡単に引き抜ける状態であった。ピンが固定されていな

第3章 深刻事故はどの園でも起こり得る──事例に学ぶ

[図中ラベル]
金属製の棒が差し込まれていた
ブランコを支える棒
固定されておらず、簡単に引き抜ける状態

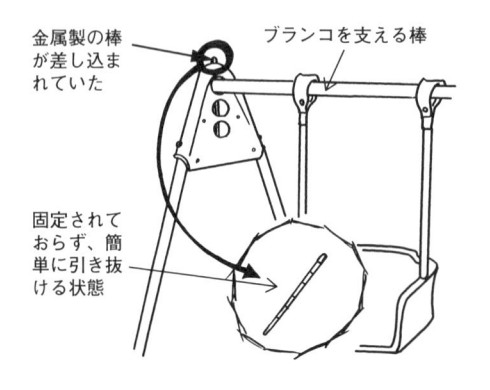

かったことが、最も大きな要因であったと思われる。
○この事例では、事故発生から25日後に製作会社からリコールが行われた。事故発生からリコールまでの期間が1日でも短くなるよう、情報の伝達システムについても検証する必要がある。

　同様の室内用遊具は、保育園でも年少児対象に使われています。保育室内では「目を離さない」ことが原則であるとしても、「万が一目を離したとき」のことを考えて、遊具や玩具に内在する危険を最初から取り除いておく必要があるでしょう。

〈注〉
*　WHO. (2008). World Report on Child Injury Prevention.
　http://www.who.int/violence_injury_prevention/child/injury/world_report/report/en/　くわしくは、107ページの注＊＊を参照してください。

2 保育現場での深刻事故事例
―― 日々の報道から学べること

掛札逸美
（NPO法人保育の安全研究・教育センター代表）

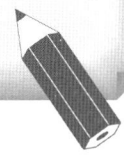

　日本小児科学会の「Injury Alert（傷害速報）」は、事故の内容がある程度明らかになったケースを取り上げています。けれども、深刻事故の調査・検証システムがない日本の現状では、こうした事例はきわめて少数です。一方、日々起きている子どもの深刻事故をみていくだけでも、保育施設における深刻事故の予防に役立つ知識が得られます。ここでは、中でも重要性の高い溺水、頭部（脳）外傷／脳震とう、そして、食物アレルギーについて取り上げたいと思います。

　※子どもの安全・健康に関する最新ニュースやトピックスは、NPO法人保育の安全研究・教育センターのウェブサイトでご覧ください。
　　http://daycaresafety.org/

● 溺　水

　溺水は、小物や食べ物の誤嚥、その他の窒息と並ぶ「息ができない

できごと」のひとつであり、乳幼児の命を奪う危険性の高いものです。数センチの水でも子どもが亡くなることはよく知られています。保護者などから自主的な事故報告が活発に寄せられる米国では、プールだけでなく、バケツの水やトイレの水による乳幼児の溺水（「溺水＝溺死」ではありません）も毎年数件から数十件、消費者製品安全委員会（CPSC）に報告されています*。

　保育施設で行われる水遊びやプール、河川などの水辺で行われる戸外活動では、溺水・溺死が特に大きな危険となります。ここ数年、報道されているだけでも、2011年には神奈川県の私立幼稚園（プール）で、2012年には茨城県の認可外保育所（プール）、愛媛県の私立保育園（河川）、東京都の無認可施設（プール）で、2013年には静岡県の認可保育所（プール）、愛知県の私立幼稚園（プール）で溺死・溺水事故が起きています。プールや水遊びが夏の間の非常に限られた期間と時間だけ行われることを考えに入れれば、水が子どもにとって大きな危険であるとおわかりいただけるでしょう。

　「でも、息ができなくて苦しかったらバタバタしたり、声を出したりして助けを求めるからわかるでしょう？」、これが溺水にまつわる大きな誤解です。溺れはたいていの場合、静かに起こるそうです**。浮いたり沈んだりしているときには呼吸が何よりも優先されるため、助けを求めるどころか声も出ません。からだを浮かそうとして手は水面あたりで水を押すように動くため、手を上に挙げて振ることはできません。実際、保護者が見ている目の前で、保護者がそれと気づかない間に溺死する子どももいるそうです。私自身、健診団体の広報職をしていたとき、学校プールの監視カメラに記録された溺水の映像を見ました。特別なからだの動きもなく、静かに水面に浮いていく子どもの映像でした。

「子どもが水に入っている間は、文字どおり絶対に目を離さない」は当然です。けれども集団の場合、子どもが元気に動きまわり、水面下や他の子どもの陰に隠れたりもするため、漫然とした見守りでは子どもの姿を見失いかねません。ですから、ライフガードのプロのアドバイスに従って、一人ひとりにこまめに声をかけていきましょう**。安全の基本、「声出し指差し確認」です。決まった子どもたちと遊びこんだりは絶対にせず、一人ひとりの名前を呼び、顔を見ながら声をかけていき、「静かにしているな」「返事が返ってこないな」と思ったら水から出しましょう。溺水ではないとしても、子どもが水の中で静かにしているときは、何かがおかしいのですから。

　自然の水辺で遊ぶ場合、プールとは比較にならないほど監視が難しくなります。川や海では水の流れもありますし、たとえ池や湖であっても足元がしっかりしているかどうかはわかりません。天気、水量や波の強さ、職員の配置、子どもたちの状態、保護者の意見なども考慮に入れて、活動するかしないか自体を柔軟に判断しましょう。「今までずっと大丈夫だったのだから、今回も大丈夫」「予定に入っているのだから実施しなければ」と強行するのは非常に危険です。荒天や増水にもかかわらず活動を強行し、子どもが死亡した事例から私たちはきちんと学ぶべきです。

●頭部（脳）外傷、脳震とう

　深刻な事例はあまり報告されませんが、保育施設の事故報告書（受診報告書）やヒヤリハット報告書で数多く目にするのが、頭部（脳）外傷、脳震とうです。「頭部外傷」と聞くと頭にケガをした状態を思い浮かべると思いますが、実際には頭の表面のケガ（外傷）よりも、頭

を何かにぶつけること、または頭に何かがぶつかることによって起こる脳そのものの変化が問題になります。また、脳震とうは「気絶」と思われがちですが、これは頭部に衝撃を受けた場合全体を指し、大部分は気絶を伴いません。頭部と上半身を強く揺さぶられたときにも脳震とうは起こります。

　保育施設では2013年に報道されているものだけでも、散歩中のうんていからの転落（5歳児）、そして、立てかけてあったプールが倒れてきて頭を打ち、死亡したケース（3歳児）があります。また、おんぶひもからの転落によって子どもが頭を打つ事例は、報道されていないものも含め過去数年で複数起きています。

　「頭を打ったら、傷やコブがないかを確認して様子をみる」「冷やして様子をみる」といった対応が保育施設では少なくありません。けれども、2013年に起きたうんていからの転落事例では、帰宅してから嘔吐したため保護者が子どもを連れて受診したところ、脳内に血液がたまり、頭蓋骨にもひびが入っていることがわかったそうです。頭部を打った場合、頭蓋の中で何が起きているかは「様子をみて」いてもわかりません。念のため、すぐに専門医を受診するべきでしょう。このうんていの事例のように、落ちた瞬間を保育者が誰も見ていない場合はなおさらです。すぐに受診をして問題になるケースはまずないと思いますが、受診が遅れてさまざまな問題になることは十分にありえます。

　さらに、子どもが頭を打ったときの影響は、これまで考えられていた以上に深刻で中長期的であるという事実が、過去数年のさまざまな研究からわかってきました。新しい知見をもとに全米小児科学会は2013年10月、「子どもの脳震とう後には、遊びや活動にすぐ戻さない（＝従来の指針）だけでなく、一人ひとりの症状に合わせて数日〜数週

間、十分な休息をとるように」とする見解を発表しました***。脳震とうの影響から回復しきっていない状態で、子どもを保育園や幼稚園、学校の環境に戻すことは、脳に起きている傷害の回復を遅らせるだけでなく、悪化させる可能性もあるためです。

　急速な成長・変化の途上にある未就学児の脳を守るためには、頭部（脳）外傷や脳震とうの予防も不可欠です。保育施設では、高所となる遊具の選択や遊び方、衝撃吸収用マットの使用などがポイントになりますが、抱っこやおんぶのときの子どもの扱い方、安全確保も必要です。子どもを抱っこ、おんぶした状態でおとなが転倒するケースは保育中だけでなく、運動会の競技中にも起こります。

●食物アレルギー

　保育施設における食事の提供は、自園で調理をしているかいないかにかかわらず、たくさんの人の手を介するためミスが起こりやすくなります。食材搬入、食材の分別、調理、調理室で行う配膳、クラスで行う配膳、食事中、片づけなど、それぞれの段階でミスが起こりえます。そして、各段階で効果的なチェックをしないと、手順の上流で起きたミスがそのまま見逃されるでしょう。食物アレルギーは命にかかわる場合もありますから、各段階でミスを予防すると同時に、「人間はミスをする生き物である」という前提に立った何重ものチェック・システムづくりが求められます。

　さらに、保育施設では、食物アレルギーのある子どもが他の子どもの食べ物を誤って、または意識的に口にする場合もあります。あるいは、遠足などで保護者が手作りの弁当を持たせたときに、子ども同士がおかずを交換するケースもあります。こうした場合の対応は、非常

に難しくなります。子どもは一瞬の間に行動してしまいますし、保護者全員に食物アレルギー対策を考えた弁当を作ってもらうこともできないからです。重篤なアレルギーの場合、使わないですむ食材はそもそも使わない、手作り弁当が必要な行事自体を見直すといったことすら必要かもしれません。

　食物アレルギーの事例は、軽症から救急搬送を必要とするものまで日常的に起きていますが、報道されるケースは多くありません。中でもたとえば、行政と納入業者の間の連絡が不十分だったためにアレルゲンとなる食材（小麦）が入っている加工食品が納入され、小学生と幼稚園児が発症して救急搬送された事例（2014年）、一般にはあまり知られていない魚のすり身によるアレルギー性食中毒（2013年、2014年。保育園）は、知識として重要でしょう。特に前者は、原料配合表を毎回の納入時に提出する必要がないという手続きになっていたようです。原料配合表が加工食品に付いていないのでは、納入時以降、誰かがミスを発見する手立てはありません。

　一方、食物アレルギー対応を考えるうえで象徴的な事故が2013年7月27日、カリフォルニア州で起こりました。ピーナッツ・アレルギーを持つ13歳の少女が家族と一緒に市のキャンプに参加、夕食のデザートに出た手作りのライス・クリスプをピーナッツが入っていると知らずに口にしてしまったのです。ピーナッツだとすぐにわかって吐き出し、市販の抗ヒスタミン剤を飲んだ少女は変わりなく見え、「大丈夫？」と何度も聞く両親に「大丈夫。みんなと遊んできていい？」と言っていたそうです。

　ところが20分後、少女は嘔吐し始め、アナフィラキシー・ショックを起こしました。父親（医師）がアナフィラキシー補助治療剤（「エピペン」）を3本注射、救急隊も蘇生を試みましたが、亡くなりました。

2　保育現場での深刻事故事例——日々の報道から学べること

最後の言葉は、「ごめんなさい、お母さん」だったそうです。少女は長年にわたって自分のアレルギーを意識しており、疑わしいものを誰にも尋ねずに口にすることは、これまでなかったと家族は話しています。

　こうした深刻事故が続いたこともあり、米国では食物アレルギーに関する啓発活動が活発になり、2013年10月末には米国疾病対策予防センター（CDC）が、学校などに向けた食物アレルギー対策（自主的に対策を実施するためのガイドライン）を発表しました。

　日本の保育施設でも、食物アレルギーに関する誤解はまだ少なからずあります。カリフォルニア州の事例を読んで驚かれた方もいるかもしれませんが、こうしたケースは十分に起こりうるのです。食物アレルギーは命にかかわる可能性もあり、なによりもまず、原因食材を避けることが不可欠です。この点を基礎に、各施設の食事提供システムに合った食物アレルギー対策、ミスの予防策、さらには、ミスの多重チェック・システムづくりに取り組んでください。

〈注〉

*　米国消費者製品安全委員会（2002）. "CPSC Warns: Pools Are Not the Only Drowning Danger at Home for Kids - Data Show Other Hazards Cause More than 100 Residential Child Drowning Deaths Annually"（サイトのアドレスは長いので、タイトルで検索してください。）

**　元・米国湾岸警備隊のインストラクターで、水難救助の専門家M. Vittone氏のブログ「溺れは溺れているようには見えない」（http://mariovittone.com/2010/05/154/）。翻訳は、保育の安全研究・教育センターのウェブサイト（http://daycaresafety.org/ccd_safetyinfo.html#pool）。

***　Halstead, M.E., et al. (2013). Returning to learning following a concussion. Pediatrics, 132, 948-957. 日本語による紹介は、同上（http://daycaresafety.org/ccd_safetyinfo.html#tbi）。

第4章

深刻事故の
予防と対応のために
――基本的な考え方と
日常の取り組み

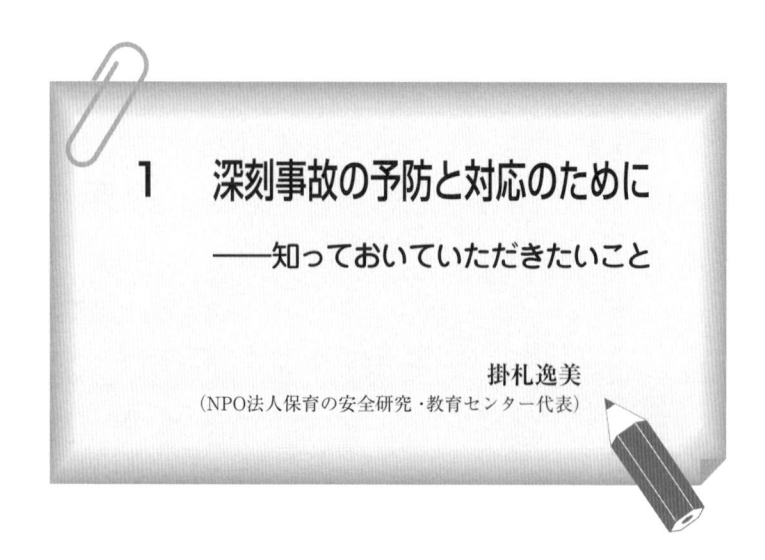

1 深刻事故の予防と対応のために
——知っておいていただきたいこと

掛札逸美
(NPO法人保育の安全研究・教育センター代表)

● 「事故」は結果ではなく、できごとのプロセス

　「はじめに」でも記しましたが、本書は「深刻事故への対応」に活かしていただくことを目的としています。深刻事故とは、「結果が深刻（死亡、重傷／症、後遺障害など）になった事故」を指します。この章では、深刻事故の予防と対応のために、知っておいていただきたいことと、日ごろから取り組んでいただきたいことについて、簡単にではありますがまとめておきたいと思います。

　まずは、深刻な事故の予防のために知っておいていただきたい基礎的な概念です。

　日本語ではいろいろな意味で「事故」という言葉を使いますので、多少の混乱が起きてしまっています。そこでまず、世界で安全や傷害予防に取り組んでいる専門家が使っている意味をもとにしっかり定義しておきたいと思います。

　「事故（アクシデント、accident）」とは、「意図せずに起こった（悪い）

できごと全体のプロセス／過程」を指します。「意図せずに」とは、「悪い結果をもたらすつもりはなかった」ということで、具体的にはたとえば「子どもを傷つけるつもりはなかった」「アレルギーを発症させるつもりはなかった」「プライバシーを漏洩するつもりはなかった」場合です。一方、明らかに「意図した（悪い結果をもたらすつもりがあった）」場合は、事故ではなく犯罪になります。そしてここで大切なのは、「事故」という言葉はできごと全体のプロセス（過程）を指し、結果を意味しない点です。

　たとえば、卵アレルギーのお子さんの食事を調理している鍋に、普通食用の溶き卵が落ちたとします。調理師に意図（悪意）がない限り、これは「事故」です。そして、ここから事故のプロセスが始まります。調理師が溶き卵を落としたことに気づくかどうか、気づかなかったとして、調理師か保育者が配膳の際に気づくかどうか、気づかなかったとしてアレルギー児が食べてしまうかどうか、食べてしまったとしてアレルギー症状を発症するかどうか……、この一連のプロセスが「事故」です。子どもを傷つける意図は誰にもなく、ミスが重なり、ミスが見逃されていくことで、事故のプロセスは進んでいきます。途中で誰かが気づいて事故のプロセスが止まり、悪い結果が出ずにすむ場合もあるでしょう。

　たとえば、園庭の固定遊具に1歳数か月の子どもが一人で登り始めた場合も、事故のプロセスの始まりです。本人にはもちろん、「落ちたら大変」「降りられない」という認識はありません。足を上げたら一段登れた。また足を上げたらもう一段……。保育者は他の子どもたちを見ていて気づかないかもしれません。でも、意図的にこの子を無視しているわけではないでしょう。この子どもが登るのをやめるかそのまま登っていくか、登っていることに保育者が気づくか気づかない

か、子どもが遊具から落ちたとして（保育者の位置によって）保育者が支えられるかどうか、この一連のプロセスが事故です。

●ニア・ミスの一部がヒヤリハット

　事故のプロセスが進んだものの、どこかでそれが止まり、悪い結果が起こらなかった場合を「ニア・ミス」と呼びます。2機の飛行機がぶつかりそうになったけれども大丈夫だった！というときが、典型的なニア・ミスです。アレルギーの卵の例で言えば、調理師が気づいた、調理師は気づかなかったけれども保育者が気づいた、調理師も保育者も気づかなかったが子どもが気づいた、という場合です。いずれにせよ、結果として子どもは口にしなかったので、この事故はニア・ミスとなります。遊具の場合であれば、子どもが登るのをやめて降りることができた、保育者が気づいて子どもを遊具から降ろした、などがニア・ミスにあたります。

　そして、さまざまなニア・ミスの中で、誰かが「あっ、危ない！」と気づいたものが「ヒヤリハット」です。裏を返すと、誰も気づかなければヒヤリハットにはなりません。さらに、たとえ誰かが気づいたとしても、その人が「ヒヤリ」「ハッと」しなければヒヤリハットにはならない、ということです。

　たとえば、子どもがふと保育室から出ていき、園庭で遊びまわってから戻ってくるまでの15分間、誰もその子がいないことに気づかなかったとします。これはニア・ミスですが、ヒヤリハットではありません。または、保育者が他の子どもたちを見ている間に、年長児がこいでいるブランコの直前を乳児が横切ったとします。でも、「運よく」ぶつからず、保育者は誰も気づかなかった。これもニア・ミスですが、

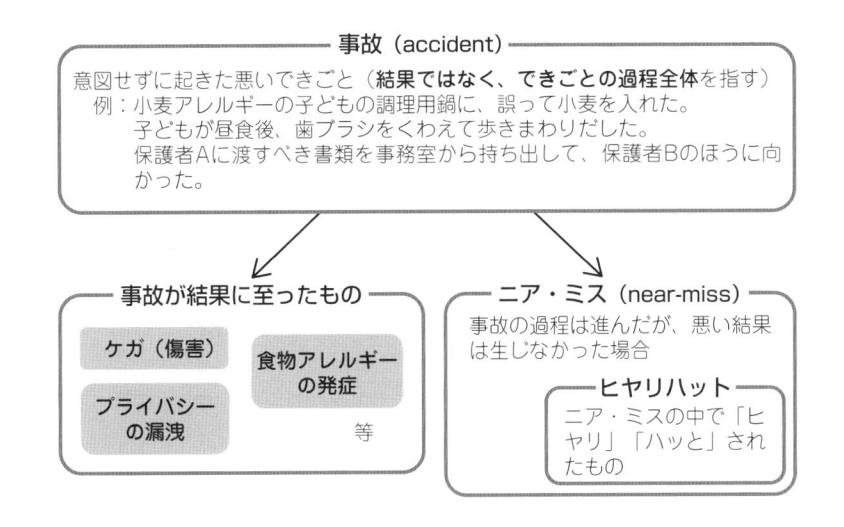

1　深刻事故の予防と対応のために──知っておいていただきたいこと

```
┌─ 事故 (accident) ─────────────────────┐
│ 意図せずに起きた悪いできごと（結果ではなく、できごとの過程全体を指す） │
│   例：小麦アレルギーの子どもの調理用鍋に、誤って小麦を入れた。      │
│       子どもが昼食後、歯ブラシをくわえて歩きまわりだした。          │
│       保護者Aに渡すべき書類を事務室から持ち出して、保護者Bのほうに向 │
│       かった。                                                    │
└──────────────────────────────────┘
         ↙                                    ↘
┌─ 事故が結果に至ったもの ─┐    ┌─ ニア・ミス (near-miss) ────┐
│  ケガ（傷害）            │    │ 事故の過程は進んだが、悪い結果 │
│                         │    │ は生じなかった場合             │
│  食物アレルギー           │    │ ┌─ ヒヤリハット ───────┐ │
│  の発症                  │    │ │ ニア・ミスの中で「ヒ    │ │
│  プライバシー             │    │ │ ヤリ」「ハッと」され    │ │
│  の漏洩         等        │    │ │ たもの                │ │
│                         │    │ └────────────────┘ │
└──────────────────┘    └──────────────────────┘
```

ヒヤリハットではありません。

　ご存じのとおり、保育施設で起こる深刻事故の中には、子どもがいないことに保育者が気づかない間や、保育者が見ていない間に起こるできごともあります。「気づかないなんて」「見ていないなんて」と非難されがちですが、実際には「気づかない」「見ていない」間に子どもが危険にさらされたものの、結果的に無事だったというニア・ミスはひんぱんに起きているはずです。気づかない間、見ていない間に起きる深刻事故があるのですから、その裏には無数の、「誰も気づいていないニア・ミス」があるでしょう。

　もうひとつ、保育現場のヒヤリハットは、大部分が個人の主観的判断に任されています。子どもが危険にさらされているとき、ヒヤリハットする（できる）保育者もいれば、しない（できない）保育者もいます。ヒヤリハットしない（できない）保育者の目の前でニア・ミスがいくら起きても、ヒヤリハットは起きません。

　ただ、これが本当に一人ひとりの主観かというと、そうとも言い切

れません。ヒヤリハットはスキル*ですから、職員一人ひとり、さらには園全体が安全の知識を身につけ、さまざまな事例から学び、子どもが深刻な危険にさらされる前に「あっ、これは危ない」とヒヤリハットできるようになることが不可欠です。園全体で「そんなの、大丈夫」「死亡事故なんて、うちで起こるわけがないじゃない」と言い合っていたら、ヒヤリハット・スキルが育たないどころか、ヒヤリハットの感覚自体もどんどん失われていくでしょう。適時適切にヒヤリハットするスキルを一人ひとりの保育者が身につけていくかどうかは、園全体、特に園のリーダーのリスク意識と行動にかかっています。

●事故が結果に至った場合：傷害、食物アレルギー発症など

　事故のプロセスが進んでしまってニア・ミスでは終わらず、悪い結果に至ることがあります。前ページの図のように事故の結果にはさまざまなものが含まれ、そのうちのひとつが傷害です。

　一般に日本語で「ケガ」と言うと外傷（傷や骨折）のイメージになってしまいますが、傷害（injury）の本来の定義は、「外的な要因によって身体に悪影響が及ぶこと」です。この中には誤嚥・溺水・窒息（＝息ができなくなるできごと）のほか、やけど、熱中症や低体温症（熱や温度も外的な環境要因）、毒物中毒（子どもの場合、誤って缶入りアルコール飲料を飲む、灰皿代わりに使われていた空き缶の中身を飲む、おとなの薬を飲む等）なども入ります。日本では、「事故」が「ケガ」と同じ意味で使われることも少なくありませんが、事故と傷害（ケガ）はこのようにまったく異なるものです。

　保育現場で起こる事故の結果としては、傷害以外にも食物アレルギーの発症、プライバシーの侵害や漏洩などがあります。食物アレル

ギーは命にかかわります。プライバシー関連の事故は子どもの命にはおそらくかかわりませんが、組織には深刻な結果をもたらす可能性があります。また、ケガやアレルギー、プライバシー漏洩といった結果そのものは小さくても、そこから保護者の苦情という別の結果につながる場合もあります。

●事故は起こる。結果が深刻にならなければよい

　世界保健機関（WHO）も含め、世界の安全の取り組みの潮流は「事故予防」ではなく、「深刻な結果（深刻な傷害）の予防」に向かっています。これは、人間が基本的に「つい」「うっかり」で、失敗をする生き物である以上、「事故」そのものは予防できないという前提に立っています。事故が起きても、死亡、重傷（症）、後遺障害につながらないような手だてがとられていればよいわけです。

　たとえば、自転車の補助イスから子どもが落ちる事故が起きても、子どもがヘルメットをかぶっていれば頭を強打することだけは最低限予防できます。固定遊具から子どもが落ちる事故が起きても、衝撃吸収用マットを地表面に敷いてあれば、衝撃は少なくなります。もっと一般的に言うと、信号機や交通ルールだけでは赤信号無視の「うっかり」（事故）を防ぐことはできなくても、乗車している人たちがシートベルトやチャイルドシートをしていて、エアバッグも作動すれば、車上の人の命は守ることができる（深刻な結果の予防）のです。

　人間が人間である以上、事故は必ず起こります。子どもが成長発達の途上にいる以上、事故はおとな以上に必ず起こります。「事故は起こる」という事実を受け入れたうえで、深刻な結果につながる可能性がある事故をニア・ミスの段階でみきわめ、深刻な結果を防ぐ取り組

みが必須です。そして、それさえできれば、保育者も安心して保育をすることができるでしょう。深刻な結果の予防は、子どものためだけでなく、保育者のためでもあります。

　実際、子どものためにつくられている保育環境の中にも、子どもには予測もできず、万が一のときには自分で命を守ることができない危険がたくさんあります。たとえば、0歳児に水の危険や誤嚥の危険を教えることは大切ですが、0歳児が自分で自分の命を守れると思う保育者はいないはずです。「道に飛び出してはいけない」と知っている年長児でも、興味のあるものを見れば飛び出します。命を奪う深刻な危なさから子どもを守るのは、おとな（園、保育者、保護者、企業、社会全体）の責任です。

　そのときに、「事故を防ごう！」「安全・安心」とだけ漫然と言っていたのでは対策の優先順位がつかず、効果的な「深刻な結果の予防」はできません。過去の深刻事例と目の前のニア・ミスから学んで、子どもの命にかかわる事故を判断しましょう。そして、そうした事故のプロセスの中で子どもが命を落とさない対策を優先的にとりましょう。ここで言う「対策」とは、具体的で効果があり、保育者が実際にできる内容でなければなりません。「見守る」「注意する」「気をつける」「立ち位置に配慮する」では、具体性に欠け、効果はおぼつかず**、一人ひとりの保育者の主観的な判断とスキルに任されてしまいます。

　さらに、保育施設の職員が心肺蘇生や救急の技術を身につけることや、アレルギー児用のアナフィラキシー補助治療剤を用意して使用方法を身につけておくことも、深刻な結果を予防する取り組みに含まれます。ただし、事故の中には命をとりとめても心に深い傷（PTSD）を残すものが多くありますから、救急はあくまでも最終手段です。

●深刻な結果はめったに起こらない＝「私たちは大丈夫」

　傷害疫学の研究から明らかになっているように、発生した事故が深刻な結果に至る確率は、決して高くありません。食物アレルギーがある子どもへの食事の誤提供にはたいていの場合、誰かが気づくでしょう。ある程度の高さから子どもが落ちても、たいていは手足などを最初に打つことで命にかかわる場所は守られるでしょう。また、食物や玩具、小物の誤嚥は保育現場でひんぱんに起きますが、「吐き出そう」とする身体の自然な反応と保育者の適切な行動によって、たいていは出てくるでしょう。

　ところが、この「たいていは命にかかわらない」「深刻な結果が起こる確率は低い」という部分は、深刻な事故の予防を難しくする一因にもなります。現実には、子どもの命にかかわる危なさが日本全国の保育施設にあり、ニア・ミスやヒヤリハットはあちこちの施設で日常的に起きている＊＊＊にもかかわらず（＝あちこちで日常的に起きているからこそ）、「私たちの園は大丈夫」という根拠のない安心感を生んでしまうからです。

　これまで深刻な結果（死亡、後遺障害など）が起きた事例と同じ危なさ、または似たような危なさが保育施設にある限り、あちこちでニア・ミスやヒヤリハット、軽傷（症）は起きます。特に、誤嚥・溺水・窒息（息ができないできごと）の結果には軽～中等傷がありませんから、ごく少数のきわめて深刻な結果（死亡、脳障害など）以外はすべてヒヤリハット。「大丈夫だったから」で済まされ、忘れられてしまいかねないできごとです。けれども、これまで子どもの命を奪ったものと同じ危なさでニア・ミスがひんぱんに起きていれば、次にいつ、どこで、誰が、命を落としても不思議はありません。

103

ところが、保育施設ではひんぱんにニア・ミスや軽傷（症）が起きる一方で、「いつ、どこで、誰に、どんな深刻な結果が起こるか」は、起こるまで誰にもわかりません。そうすると、ニア・ミスや軽傷（症）は逆に、「この程度で済む」と思う気持ちの根拠になってしまい、「これまでも大丈夫だったのだから、私たちはこれからも大丈夫」という方向に向かいがちです。これは保育に限らず、人間が自分（たち）の安全や健康をおびやかすリスクを過小評価しようとする認知バイアス（ものの見方の歪み）のひとつです****。人間は誰しも、自分（たち）に悪いことが起きるとは思いたくありません。ニア・ミスや軽傷（症）は、「深刻な結果になると大変だから、対策を立てよう」という気づきではなく、「ああ、また大丈夫だったから、大丈夫だよ」というリスクの過小評価につながりがちなのです。

●深刻な結果を効果的に予防する

　これまで起きた深刻な事故を検討する。そして、事故が起こる一連のプロセスのどの部分にどのような介入をすれば、深刻な結果を効果的に予防できるかを具体的に考える――保育現場でこれが可能になれば、同じ危なさで何人もの子どもの命が失われることは予防できます。本書の中で取り上げられている「チャイルド・デス・レビュー」も同じ考え方です（53〜55、58〜64ページ参照）。

　たとえば、丸のままのミニトマトは嚙み切りにくく、喉頭をふさぐ危険があります。保育園で栽培していたミニトマトで窒息死した子どももいます。この事例はよく知られていることから、丸のままのミニトマトは子どもの命にかかわるリスクであるだけでなく、園という組織にとって大きなリスクとなります。丸のままのミニトマトや、栽培

中のトマトの小さい実で子どもが次に亡くなった場合、「わかっていたのになぜ？（予見可能性）」「死亡は避けられたはずなのになぜ？（回避可能性）」を問われるためです。

では、どうすればよいのでしょうか。栽培を例にとると事故のプロセスが複雑になってしまいますから、ここでは栽培ではなく、ミニトマトを食事に出す場合の対策を考えてみましょう。傷害予防の基本にそって考えると次のようになります。

(1) 物そのものを安全にする

物、製品、環境を安全にできれば、人間の「つい」「うっかり」を回避できますから、もっとも効果的です。ミニトマトの場合、最初から必ず4分の1に切って提供することがこれにあたります。ミニトマトではなく、大きなトマトを角切りなどにして出すのも一策です。もちろん、4つに切ったミニトマトなら、または角切りトマトなら、絶対に詰まらないから見守っていなくてもよい、ということではありません。

(2) おとなが介入する＝子どもがちゃんと噛むよう、（見守りながら）指導する

「丸のままのミニトマトでも、子どもがちゃんと噛むよう指導すればよい」。これもひとつの方法かもしれませんが、深刻な結果（窒息死）を防ぐ方法としては効果が非常に低くなります。ミニトマトを噛んだときに出てくる酸味と感触が嫌いな子どももおり、噛まずに飲み込もうとするかもしれません。口の中で転がして遊ぶ子もいます。「ちゃんと噛んで！」と指導しても、すでに口の中に入っていますから飲み込むことは防げません（83ページのスーパーボールによる窒息と同じです）。

子どもが亡くなってしまった場合、「『噛んで』と言ったのに、この子が飲み込んだから」という理由は通用しないでしょう。

(3) 誤嚥時の救急対応を身につけておく

これも非常に重要ですが、誤嚥によって起きた窒息を必ず解除できる方法は、現時点ではありません。

このように、深刻事例で起こるプロセスと、プロセスの中での子どもと保育者の動きを一つひとつ検討すると、深刻な結果を防ぐ効果的な方法が見えてきます。反対に、保育の中では重要な取り組みではあっても、深刻な結果を防ぐには効果的と言えない方法も見えてきます。ミニトマトの例であれば、(1)はある程度効果的な方法です。(2)は、指導としては重要だけれども、深刻な結果を防ぐには効果が期待できません。さらに、(3)は効果の保証はないけれども、万が一のときのために身につけておかなければいけない方法となります。

一方、食物アレルギーの場合、アレルギーのある子ども、ない子どもの食事を同じ調理室で調理しますし、すべての子どもが同じ部屋で食事をしますから、全員の食べ物を完全に安全にすることはできません。トマトの場合の(1)のような対策はとても難しくなります。そして、食材納入からおかわり、片づけまでの各段階でさまざまな人がかかわりますので、「つい」「うっかり」のミスがあちこちで起こります。

ですから、「つい」「うっかり」ミスを減らす対策だけでなく、誰かが起こした「つい」「うっかり」を確実にみつける対策（何重ものチェック・システム）も不可欠です。そのためには、食事を提供するまでのそれぞれの過程で、どのようなミスが起こるのかを自園の事例や他園の過去の事例から学ぶことが第一歩となります。そして、それぞれのミ

1 深刻事故の予防と対応のために──知っておいていただきたいこと

スはどのように予防できるのか、仮にミスを予防できなかった場合、後の段階でどのようにミスに気づくかを各園の食事提供の形に合わせて検討していくことになるでしょう。

〈注〉

*　スキル：本来の意味は、「知識や技術を適時、適切に使うことができる力。応用力」。たとえば、一般的な保育の知識や技術があっても、「クラスの他の先生たちと一緒に、今、目の前にいる子どもたちに対してその知識や技術を適切に使えるスキル」があるとは限りません。ヒヤリハット・スキルも、これまでに起きた深刻事例の知識を持ち、自園で起きている事例（ニア・ミスや軽傷／症）から「起こりうる深刻な結果」を考えられるようになって初めて「スキル」となります。

**　「見守り（supervision）」は、山中先生の項でも記されているとおり、世界的にも明確な定義がなく、効果も評価されていません。拙著『乳幼児の事故予防──保育者のためのリスク・マネジメント』（p.107〜）にも書きましたが、「見守る」「注意する」は各種のヒヤリハットやケガ、食物アレルギーの誤食が起きた後に反省の言葉としてよく使われます。けれども、「今回の見守りのどこに問題があり、その解決のために、どのように見守り方法を変えるのか」「今回はどこに注意を向けていなかったか。これからはどこにどのように注意を向けるのか」を具体的に考え、全職員が同じように行動を変えられなければ、「見守る」「注意する」は単なる反省文に終わってしまいます。

***　たとえば、『保育所におけるリスク・マネジメント──ヒヤリハット／傷害／発症事例報告書』（兵庫県、公益社団法人兵庫県保育協会発行。掛札逸美監修。2014年3月）は、誤嚥・誤飲と食物アレルギーを中心に具体的な事例を約600件掲載しており、園内研修などに活用できます。報告書は兵庫県保育協会、または保育の安全研究・教育センターのウェブサイトからダウンロードできます。

****　人間が持つ認知バイアス（楽観バイアス、偽りの安心感）については、『乳幼児の事故予防──保育者のためのリスク・マネジメント』のp.21、p.48等を参照してください。

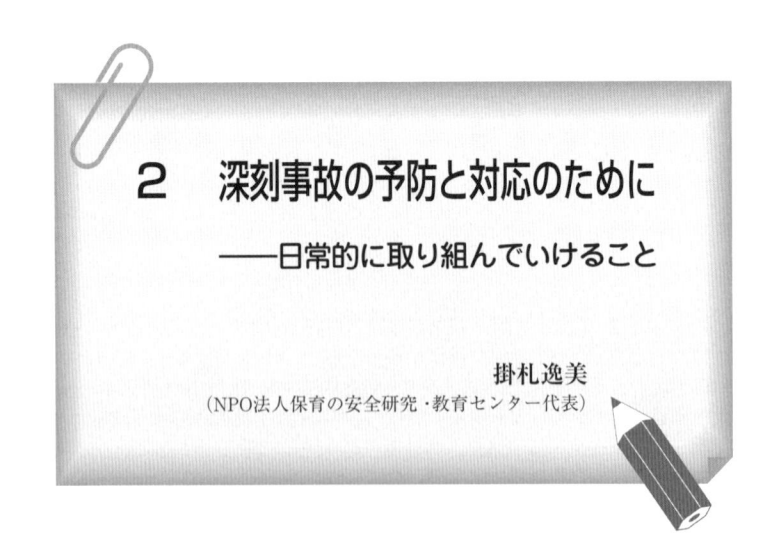

2 深刻事故の予防と対応のために
――日常的に取り組んでいけること

掛札逸美
（NPO法人保育の安全研究・教育センター代表）

　本書の冒頭に掲載されている役割分担表や記憶の記録用紙を見て、「こんなこと、うちの園ではできない」「役割分担をちょっと考えてみたけど、無理……」と感じた方も少なくないと思います。「私たちの園で、深刻な事故なんて起こるはずがない。だから、こんなものは必要ない」と誰もが心のどこかで思っていらっしゃるでしょうから、なおさらです。

　でも、これまで深刻事故を起こしたのと同じ危なさがあなたの園にあったら、いつ、どの保育者の前で、どの子どもに、同じような深刻な結果が起きてもおかしくないのです。それは100年後かもしれませんが、今日かもしれません。それが「事故」の持つ「確率的に起こる（運や偶然に左右される）」という特徴です。

　たとえば、今、どこの園にも子どもの口に入る大きさの玩具があり、どこの園でも全員が一日何回も食事をしており、誤飲や誤嚥、食物アレルギーのヒヤリハットはひんぱんに起きています。あなたの園で起こる999回の事故はヒヤリハットや軽傷／症で終わるかもしれま

せん。でも、1回は深刻な結果に至るかもしれず、その1回がいつ、どこで起こるか、誰にも予測できないのです。深刻な結果を予防するための、具体的で効果的な方策をとっていない限り。

　役割分担表や記録用紙を見て、「え、これ、うちの園でできる？ダメかな……。じゃあ、どうしよう！」と思ったなら、それはとても大事な第一歩です。「私たちの園では、深刻な事態は起きないと思いたい。でも、万が一起きたときのために、できるところから取り組んでいこう」と、ぜひ考えてください。そして、これからお示しするとおり、できるところから少しずつ取り組んでいくことが、深刻な結果の予防にもつながり、事故全体の減少にもつながっていくのです。

●心肺蘇生や誤嚥対応、救急法をくりかえしトレーニングする

　遠藤先生も書いているとおり、「子どもは死ぬことがある。だから、死にそうだと見てとったら助けられるようにしておかなければ」ではないでしょうか。事故はひんぱんに起こるのですから、心肺蘇生や適切な誤嚥・溺水対応で救える命を救えるように準備をしておくことが必須です。

　たとえば、救急トレーニングに職員がふだんから取り組み、その取り組みを保護者にも伝え、保護者と共に学んでいた園で万が一の事態が起き、蘇生を試みたもののお子さんが亡くなった場合を考えてください。一方、そういったトレーニングをほとんどせず、万が一のときには誰も何もできないままお子さんが亡くなった場合を考えてください。両者を比べた場合、保護者の気持ちの違いまでは予想できませんが、保育者の気持ちは明らかに違うはずです。

第4章 深刻事故の予防と対応のために——基本的な考え方と日常の取り組み

　乳幼児向けの心肺蘇生トレーニング、誤嚥・溺水対応トレーニングを、園として、そして個人の保育者としてこまめに続けてください。「助けられるかどうか自信がない」のは、人間の感情として自然です。一方で、どんなときでも「子どもを助けられるようにがんばろう」と思っているのが、プロの保育者です。トレーニングを続けていき、職員の皆さんに自信がついていけば、役割分担表の「心肺蘇生」のところに誰の名前を書くかで悩む必要もなくなるでしょう。

●ヒヤリハットや傷害／発症事例を記録する

　深刻事故が起きたときに突然、「では、覚えていることを書いて！」と言われても困ってしまうかもしれません。事実（見たこと、耳にしたこと、したこと）を書く訓練をふだんからしていなかったら、急にはできないからです。さらに、自分が体験した事実を「他人が理解できるように記録する」というのも決して容易ではありません。ヒヤリハットやケガ、食物アレルギー、保護者の苦情などを記録する訓練を日ごろから続けることは、「書き慣れる」と同時に、（深刻）事故の予防にもつながります。

　自園の中だけで情報を共有するのであれば、最初は付箋程度でかまわないでしょう。遊具の配置も玩具の種類も、給食の内容も皆がわかっているはずだからです。「○○ちゃんが〜した」「0歳児室の棚のネジがとれて、床に落ちていた」といった簡単な内容を付箋に書いて、事務室の決められた場所に貼っておくだけでも共有になります。これは、「とにかく事実を書いて共有する」という行動そのものに慣れるトレーニングです。

　特に、食物や玩具の誤嚥のようにひんぱんに起こり、かつ命にかか

110

わるできごとの情報は、すぐに共有すれば、今日のヒヤリハットが明日の死亡を予防するかもしれません。たとえば、今日起きた玩具の誤嚥のヒヤリハットを言わずにおいたら、明日、誰かがその玩具で亡くなるかもしれないのです。「昨日、言っておけばよかった」「昨日、言ってくれていたら……」と思っても手遅れ。命に直結する危険（事故）に関しては、情報をすぐに共有することが保育者の心を守ることにつながります。

　「これは、みんなでちゃんと対策をとらないと深刻な結果になる！」と予測されるものは、（その場にいた）職員全員で事故のプロセスを記録し、深刻な結果を予防する方法を考える必要があります*。「誰も見ていない一瞬の間に、〇〇ちゃんが水の中に顔をつけていた」（溺水のヒヤリハット）であれ、「××ちゃんが登り棒の一番上から落ちて、頭を打った」（死亡の可能性もある傷害）であれ、「△△ちゃんが、隣の子の牛乳を間違って飲んだ」（食物アレルギー）であれ、どのようにしてその事故のプロセスが進んだのかを明らかにすることが最初の一歩です**。

　記録の基本は、「いつ、どこで、誰が（誰と誰が）、何を（何に、何から）、どうした」です（いわゆる「５Ｗ１Ｈ」）。この記録を日常的にくりかえし、お互いに「ここ、情報が足りないよ」「この書き方じゃわかりにくいね」といった会話をすることが事例の共有だけでなく、万が一、深刻事故が起きたときの記録用紙の記入にも活きていきます。

　ここでは、記録の記述だけを強調しましたが、口頭や電話で「起きたできごと」を簡潔に伝える訓練も書く訓練と同じように重要です。日ごろから、５Ｗ１Ｈを意識して報告や連絡をする習慣をつけていきましょう。

●言葉に出す、復唱する

①「今日は、○○ちゃんと××ちゃんが〜の除去食で、赤のトレイにのっています」、②「はい、○○ちゃんと××ちゃんが〜の除去食で、赤のトレイですね」、③「そうです。よろしくお願いします」。

①「○○先生、事務室に行ってくるのでちょっと、○○ちゃんたちを見てもらってもいいですか？」、②「はい、いいですよ」（または、「ダメです。私、今、〜で手が離せません」）、③「はい、お願いします」（または、「わかりました、後にします」）。

①「○時半になりました。食事の支度を始めましょう」、②「じゃあ、私は今朝の打ち合わせどおり〜をしますね」、③「はい、お願いします！私は〜をします」。

「声出し指差し確認」は安全の基本ですが、現場で実際にできているでしょうか？ 上の例であれば、①の声出しすらあいまいな場合もあります。「出てもいいですか？」と言わずに部屋を出てしまう人もいます。「出てきます」と言って、相手の「いいですよ」「ダメです」の返事を待たずに部屋を出てしまう場合もあります。除去食の確認で、①に対して②の復唱がなく、うわの空の「はい、わかりました」で終わっている場合もあります。声出し確認は上の例のようにすべて、「一往復半」＊＊＊にすべきです。

復唱には、かん違い、聞き間違い、伝え間違いを防ぐ効果もあります。除去食の確認だけでなく、人数確認や予定の確認で、①の人が言い間違える場合もあります。②の人が聞き間違えることもあります。①の人がはっきり言葉に出し、②の人がはっきり復唱し、①の人が復唱を聞いていれば、こうした間違いは減らせます。このとき、「『違っていませんか』と言いにくい」「私が間違えるはずがない」はナシです。

人間は間違える生き物であり、保育者は子どもを守るプロです。立場や年齢の上下は関係なく、はっきり「間違っていませんか」と言い、指摘されたら「あ、私、間違ったね。言ってくれてありがとう」と感謝してください。

　自分の行動をはっきり言葉に出す、相手の言った内容にきちんと返事をする、そして、相手の言った内容を復唱することは、子どもの命を守る基本です。同時に、深刻事故のときには、「その瞬間」に何が起きたのかを明らかにし、保育者がお互いの心と仕事を守ることにもつながります。「そんな話、聞いてない」「〇〇先生が何をしていたのか、知らない、見てない」を減らせるからです。自分の心と仕事を守ろうと行動することが、ひいては一緒に働く人の心と仕事を守ることにもつながる……、こうした取り組みは常に「お互いさま」なのです。

●子どもたちの動き、他の職員の動きを見る

　「そんなこと、するのが当たり前！」と思われるかもしれませんが、あなたご自身、（ヒヤリハットや事故でなくても）何かが起きたときに「どこで、誰が、何をしていたのか、覚えていない」という経験は少なくないと思います。見ていても、聞いていても、話していても、実はうわの空になりがち、他のことを考えてしまいがち……、それが人間の脳です。

　保育中、1秒たりともうわの空にならないようにする──、それは人間として絶対に無理です（だから、「気をつける」「注意する」「見守る」は、効果的な予防法にはなりにくいのです）。けれども、活動の節目や、子どもや保育者が大きく動いたときに、室内や園庭、公園、活動全体の状況を記憶に留める行動習慣はつけるべきでしょう。

このときにも無言で見ているだけではなく、声を出してください。「〇〇先生、××ちゃんたちが〜に行きました」「××先生、私は今、〜のグループが遊びこめるまでかかわっていますので、ちょっと残りの子どもたちを見ていてくれませんか？」といった声を出して、お互いに復唱・返答をしていけば、無言で見ているときよりもずっと記憶に残りやすくなります。具体的な「職員間の連携」にもなります。

　同時にこれもまた、前項と同様、万が一の深刻な事態が起きたときに「見ていなかった」「知らなかった」「わからない」を防ぐ方法となります。もちろん子どもの安全を守り、保育の質を高めるためにも役立ちます。

●リーダー、自治体が先頭に立つ

　本書全体を通して強調されている点ですが、子どもの命を守る（事故による深刻な結果を予防する）先頭に立つのも、深刻な事故が起きたときに対応の先頭に立つのも保育施設のリーダーシップ（理事長、社長、園長、主任など）です。そして、自治体で保育を管轄する側も、子どもの命を守る取り組みに積極的な関与をしなければなりません。リーダーや管理者の行動（「気持ち」や「つもり」、指示や命令ではなく、具体的な取り組みの言動と行動）が組織の「安全文化（safety culture）」をつくる基礎であることは、組織心理学からもビジネス・マネジメント学からも明らかになっています。

　たとえば、「うちの園（自治体）で子どもが死ぬわけがない」「何十年も保育園を続けてきたけど、何も起きていないから大丈夫」「死亡事故が起きるのは、その園（保育者、自治体）が悪いからでしょ」「死亡事故の予防？　そんな縁起の悪い話をするんじゃない」……とリー

ダーが言い続けていたら、深刻事例の予防も対応もできません。園全体が根拠のない安心感に包まれ、「私たちは大丈夫」と思い込んでいくからです。自治体（都道府県、市町村）もまったく同じです。自治体の場合、担当者は数年に一度ずつ変わりますから、危機感や責任感は保育施設以上に薄くなるでしょう。

　一方、ヒヤリハットや傷害、アレルギー発症などが起きたとき、「○○先生がいけないから」「××先生の責任」とリーダーが個人を責める文化があっても、深刻事例の予防や対応はできません。こういった文化のもとでは、「悪いことは隠す」「怒られないようにする」「責任逃れをする」行動だけが育っていくからです。

　自治体も同様です。「責任の所在を明らかにして罰し、謝罪させればよい」という考え方では、子どもの命は守れません。責任追及は、原因追究や予防には結びつかず、むしろ逆方向に向かうからです。

　そして、リーダーも自治体も、保育者や保護者の懸念や心配に対して積極的に耳を傾けてください。日本は、「上の者にものを言いにくい文化」です。特に、「これは危ないのでは」「心配だ」といった内容は、その人自身の「大丈夫」と思いたい気持ちも手伝って現場や保護者からはあがってこないものです。園のリーダー層や自治体に何も聞こえてこないのは懸念や心配がないから、ではありません。そうした声を積極的に吸い上げずにいたら、深刻な危険を見逃す可能性もあります。なにより、「コミュニケーションが成り立たない」という不満や不安を、園内に、保護者に広げていくことになります。

　ぜひ、個々の保育施設、法人、企業のリーダー、自治体の担当者の皆さんが先頭に立って、本書に書かれている内容に積極的に取り組んでください。リーダーがロール・モデルとして動かなければ、下の人間は動きません。

第4章　深刻事故の予防と対応のために──基本的な考え方と日常の取り組み

●行政、関係機関と協働する

　本書で提案している深刻事故の記録用紙は、記入後および加筆訂正後、第三者にファックスすることが必須です。「組織的な口裏合わせや事実の改ざんはない」と表明するためでもあり、職員一人ひとりの心と仕事を守るためでもあります。このためには、保育施設のリーダーの努力と同時に、深刻事故の際、もっとも適切な第三者となりうる自治体の管理部署（保育課、子ども課、教育委員会など）の理解と努力が必要です。施設と管理部署の間のコミュニケーションを密にすることで、実際にこのシステムが機能していくように進めていっていただきたいと考えます。

　また、保育施設は不審者対策などを中心として、日常的に地元の警察署や地域の交番と連絡をとり、相談などをしているはずです。ですから、深刻な事故が起きたときには、救急と同時に警察にも自主的な通報をしたほうがよいでしょう。これもまた、「私たちの園は何も隠しだてせず、事実を明らかにしていこうとしている」という態度を示す行動になります。

　そして、最後になりますが、こうした深刻事故予防や対策に取り組んでいくうえでは、保育士や幼稚園教諭を養成する機関の協力も欠かせないというのが、著者4人の共通する考えです。現在、事故予防や安全を具体的に教えている養成機関はないと思われます。掛札個人の研修経験でも、新卒の保育者で誤飲と誤嚥の違いを明確に知っている人はまずいません。「安全について、学校で教えられた」という新卒保育者もいません。

　保育者は学校を卒業して4月1日には現場に立つのですから、子どもの命を守るためにも、保育者の心と仕事を守るためにも、養成機関

で質の高い安全教育(心肺蘇生法や救急のトレーニングを含む)を進めていくことが必須でしょう。

〈注〉
* 今、さまざまな施設で使われているヒヤリハット報告書や事故報告書には、「再発予防策」を書く欄があります。再発予防策の欄を読んでいると、個人的な反省文(「〜すべきだった」「〜したほうがよかった」など)が多く、具体的な予防策はほとんど書かれていません。「これからはしっかり見守ります」「立ち位置を考えます」「連携をとります」も反省であり、具体的な予防策ではありません。
 特にヒヤリハットの場合、起きたヒヤリハットそのものの予防はきわめて困難ですから、反省文にならざるをえないのでしょう(ヒヤリハットで済んだのですから、反省ではなく、今後の予防法として積極的に評価すべきケースもあるはずです)。けれども、次に起こるかもしれない深刻な結果を防ぐためには、反省文は必要ありません。反省文を書いて、予防策をとったつもりになるほど危険なことはない、とも言えます。
 報告書には事実の記述と共に、「もし、このヒヤリハットがヒヤリハットで終わらず、最悪の事態にまで至っていたなら……」「最悪の結果が深刻だと予測されるなら、どうやってその深刻な結果を予防するか」を記載し、皆で検討すべきです。軽傷/症の場合も同じです。特に、誤嚥・溺水・窒息、高所からの転落、食物アレルギーの場合、起こりうる最悪の結果はきわめて深刻ですから、深刻な結果を予防する「効果があり、実際に取り組める」方策を考えることが不可欠です。

** 『保育所におけるリスク・マネジメント──ヒヤリハット/傷害/発症事例報告書』(p.107の***)に、事故別(誤嚥・誤飲、食物アレルギー、その他)の記録票を掲載しています。

*** 「声出しは一往復半」は、『「保護者のシグナル」観る・聴く・応える──保育者のためのコミュニケーション・スキル』(ぎょうせい、2013)に初出。

●著者紹介

山中龍宏（やまなか　たつひろ）
緑園こどもクリニック（横浜市泉区）院長。医学博士。専門は小児科学。東京大学医学部卒業。同大学医学部小児科講師、こどもの城小児保健部長を経て現職。現在、日本小児科学会子どもの死亡登録・検証委員会オブザーバー、同学会こどもの生活環境改善委員会委員、産業技術総合研究所デジタルヒューマン工学研究センター傷害予防工学研究チーム長、NPO法人Safe Kids Japan理事長。著書に『子どもの誤飲・事故を防ぐ本』（三省堂、1999年）など。

寺町東子（てらまち　とうこ）
1968年生まれ。1994年4月　弁護士登録（東京弁護士会）。2003年4月　社会福祉士登録。東京都介護保険審査会委員（2004年度～2009年度）。豊島区権利擁護ネットワーク会議委員（2009年度～）。豊島区障害者虐待対応機関連絡会議委員（2011年度～）。練馬区保健福祉サービス苦情調整委員（2013年度～）。著書に『保育事故を繰り返さないために』（武田さち子／著、赤ちゃんの急死を考える会／企画・監修、あけび書房、2010年）など。保育事故・学校事故・遭難事故・交通事故・介護事故・医療事故など数多くの事故に関与。

栗並えみ（くりなみ　えみ）
1979年愛知県碧南市生まれ。名古屋大学教育学部人間発達科学科卒業。2009年に第一子を出産し、産休・育休を取得。出産の1年後に復職するが、2010年、第一子を預け先の認可保育所における事故で失う。以降、夫の栗並秀行とともに保育事故の再発防止のための活動を行っている。2011年に第二子を出産し、現在は共働きで子育て中。第一子の保育事故の概要、その後の活動の記録は【愛知県碧南市　認可保育園における事故について】http://hiroyasmile.blog.fc2.com/に掲載。

掛札逸美（かけふだ　いつみ）
心理学博士（社会／健康心理学）。NPO法人保育の安全研究・教育センター代表。1964年生。筑波大学卒業後、健診団体広報室に勤務。2003年、コロラド州立大学大学院に留学、2008年に博士号取得。2013年まで（独）産業技術総合研究所特別研究員。著書に『乳幼児の事故予防―保育者のためのリスク・マネジメント』（2012年）、『「保護者のシグナル」観る・聴く・応える―保育者のためのコミュニケーション・スキル』（2013年、共著。いずれも、ぎょうせい）など。本書全体のインタビューと元原稿の執筆を担当。itsumikakefuda@gmail.com

保育現場の「深刻事故」対応ハンドブック

平成26年6月15日　第1刷発行
令和5年10月1日　第13刷発行

　著　者　**山中龍宏、寺町東子、栗並えみ、掛札逸美**
　発行所　**株式会社 ぎょうせい**

〒136-8575　東京都江東区新木場1-18-11
電話番号／編集　03-6892-6508
営業　03-6892-6666
フリーコール／0120-953-431
URL　https://gyosei.jp

〈検印省略〉

印刷　ぎょうせいデジタル株式会社
乱丁・落丁本は、送料小社負担にてお取り替えいたします。
©2014 Printed in Japan.　禁無断転載・複製
ISBN978-4-324-09820-2（5108052-00-000）〔略：保育深刻事故〕